PROF

UNE JOURNALISTE EN IMMERSION

WWW.EDITIONSGOUTTEDOR.COM

CONCEPTION GRAPHIQUE : CLÉMENT BUÉE
CORRECTION : MARION ENGUEHARD
CRÉATION DE LA MAQUETTE : ALICE ANDERSEN
COMPOSITION : AURÉLIE CARPENTIER
ISBN : 979-10-96906-43-7

PROF

UNE JOURNALISTE EN IMMERSION

ANNA BENJAMIN

ÉDITIONS GOUTTE D'OR

À Loussinée
Aux coquelicots

INTRODUCTION

Pourquoi, en tant que journaliste, devenir prof ? J'ai travaillé pendant quatre ans dans la rédaction d'un hebdomadaire national – *L'Express* – notamment comme « spécialiste éducation ». J'ai interviewé des profs, des chefs d'établissement, des syndicalistes, des élèves, des parents, des chercheurs. J'ai couvert des manifestations, épluché des rapports, assisté à des conférences de presse au ministère de l'Éducation nationale. Cependant, *mon terrain* – comme on dit en salle de rédaction – me semblait lointain, inaccessible. Mon reportage le plus long au sein d'un établissement avait duré… une journée.

Je ressentais une frustration, la sensation de ne percevoir qu'une partie de la réalité. J'avais néanmoins une certitude, celle qui traverse tous les rapports et met tous les professionnels d'accord : l'école est « en crise ». À tous les niveaux.

Premier constat : le métier de prof subit une perte d'attractivité inédite. Le nombre d'inscrits aux concours de l'enseignement du second degré a fondu de plus de 30 % ces vingt dernières années. Jamais, depuis la fin des années 1960, le nombre de participants au concours du Capes n'a été aussi bas qu'en 2022. Sur les 23 571 postes ouverts au concours dans le public, environ 3 700 n'ont pas été pourvus. Soit près de 15 % des besoins non satisfaits.

Par ailleurs, le niveau général des élèves baisse et les inégalités scolaires se creusent. En 2016, le Conseil national d'évaluation du système scolaire s'interroge sur ce paradoxe : comment l'école, qui promet et promeut l'égalité des chances, augmente-t-elle les inégalités sociales ? Dans les établissements réputés difficiles, l'organisme public pointe trois problèmes : « une volonté très timide » de diminuer le nombre d'élèves par classe, un important turnover, et un trop grand nombre d'enseignants inexpérimentés.

Quelle réalité humaine se cache derrière cette crise ? Dans quelles conditions accompagne-t-on quatre, cinq, six classes, du lundi au vendredi ? Si disposer de deux mois de vacances estivales était un si grand privilège, pourquoi la vocation pour ce métier s'essouffle-t-elle autant ? À quoi ressemble le quotidien des jeunes profs, aujourd'hui ?

Pour le comprendre, j'ai décidé de le devenir. Sans changer ni mon identité ni mon CV. Ma porte d'entrée : le statut de contractuel, ces profs « non titulaires », qui ne disposent ni du Capes ni de l'agrégation, et signent des CDD, pour une année scolaire ou moins, à temps plein ou partiel. Leur nombre a quasiment doublé en douze ans[1] pour pallier le déficit de profs titulaires.

J'ai choisi de postuler en Île-de-France, zone en déficit d'enseignants et passage obligé pour quantité de jeunes profs. Second critère, je voulais enseigner en collège, car c'est souvent là que les inégalités se creusent et que le décrochage survient. Pap Ndiaye, actuel ministre de

1. En 2008, l'Éducation nationale comptait 20 000 enseignants contractuels, soit 2,8 % des effectifs. En 2020, ils étaient plus de 38 000, soit 5,2 % des profs.

l'Éducation nationale, parle même du collège comme de « l'homme malade du système[2] ».

Puisque la baisse d'intérêt pour le métier débute avec son sibyllin système d'affectation, je me suis imposé d'aller où le vent des remplacements me mènerait. Et pour faire simple, mon domaine d'enseignement épouserait celui que j'ai étudié en licence : l'histoire.

Trois jours après un entretien de trente minutes, sans la moindre formation, me voilà prof d'histoire-géographie dans un collège privilégié. J'y resterai de septembre à octobre 2021 et découvrirai les rudiments du métier. Après un second entretien, aussi expéditif que le premier, j'ai été nommée durant cinq mois dans un collège classé REP+, pour « réseau d'éducation prioritaire + ». Dans le quartier où est implanté ce second collège, deux tiers des logements sont des HLM et le taux de pauvreté atteint 38 %. En somme, un lieu défavorisé. Au cours de mon immersion, j'ai donc rencontré deux jeunesses, l'une programmée pour suivre de longues études, l'autre qui ignore le nom des grandes écoles.

---

2. « Pap Ndiaye détaille ses grands chantiers face aux lecteurs de *Midi Libre* », *Midi libre*, 16 septembre 2022.

Afin de préserver les personnes – adultes et mineurs – que j'ai rencontrées, j'ai anonymisé les deux établissements, modifié les noms des protagonistes et certains éléments biographiques.

Je suis « entrée seule dans la cage aux lions ». C'est Maria, contractuelle elle aussi, qui utilisera cette expression. Je me suis fait « bordéliser » – mettre en désordre, selon le *Larousse*, littéralement ne plus pouvoir faire cours quand trop d'élèves chahutent. Je me suis mise en colère au point de déchirer mon cours devant une de mes classes. Je suis restée impuissante face aux difficultés scolaires de Younes pour qui la lecture restait un mystère. J'ai corrigé des milliers de copies, « la vengeance des élèves », selon mon collègue Charlie. Je me suis sentie utile quand un élève a compris comment distinguer l'est de l'ouest, ou quand les filles de ma classe de 3e ont pu débattre avec les garçons de la condition féminine. J'ai aussi vécu des « alignements de planètes » comme les appelle Jaurès, un autre collègue, notamment en créant une vraie-fausse émission de radio. Le genre de moment où des étincelles illuminent le regard des élèves et où l'on touche l'essence même du métier. Et puis l'instant d'après, il faut aborder « la liberté d'expression » et la laïcité, évoquer *Charlie Hebdo* et trancher la question de montrer ou non les caricatures. J'avais des idées sur la question. Mais il y a théorie et pratique.

J'ai appris à dépasser les provocations de Serena, une élève promise à un brillant avenir de boxeuse et qui a fini par m'inviter à assister à l'un de ses combats. J'ai dissimulé ma stupéfaction quand Riley m'a appris que je n'étais ni blanche ni rose mais « beige ». J'ai eu la gorge serrée quand j'ai su qu'Indira allait bientôt être logée en hôtel social.

Face à l'inconnu, à l'absence de formation, au manque de moyens et au sentiment d'impuissance, heureusement, il y a les collègues. Les profs, ceux qui tiennent la boutique à bout de bras. Charlie m'a confié son burn out de jeune enseignant, Lulu, son sentiment d'être « arrivée au bout du bout » de son métier ; Barbe noire s'est décrit comme « prof, psy, assistant social et flic » ; la Chamane, d'une lucidité sans limite, luttait contre l'échec scolaire en instaurant « un maître de la parole » en classe ; Fluette endurait quatre heures de transports tous les jours sans savoir où elle serait nommée dans un mois ; l'Archéologue cherchait sans relâche à décrocher sa mutation en Bretagne. J'ai entendu une cheffe d'établissement dévouée me dire que « dans l'Éducation nationale, la reconnaissance n'existe pas ».

Submergée par mes classes, mes missions et une charge mentale digne de celle d'une mère de 120 enfants – une sorte de « syndrome Pétronille » – et par l'intensité de l'expérience, je me suis parfois noyée. Pour tout avouer, j'ai souvent oublié que j'étais journaliste en immersion. Le métier m'a littéralement aspirée.

Mais j'ai trouvé ce que j'étais venue chercher, j'ai expérimenté ce que les rapports n'incarnent pas. La réalité du « plus beau métier du monde, après le métier de parent », *dixit* l'écrivain Charles Péguy. Un métier où les vocations subissent des assauts de toutes parts, un métier en déroute, qui concentre une foule de clichés – qui n'a pas un *a priori* sur les profs ? J'ai appris à gérer la charge de travail, des classes parfois chaotiques, et j'ai découvert comment les profs se formaient, entre eux, clandestinement. J'ai aussi vu l'attachement de mes collègues à leurs élèves ; leur désir de les voir réussir, quelles que soient les conditions de travail. J'ai découvert un métier qui a tellement de sens que dès lors que je fermais la porte de ma classe, plus rien n'avait d'importance hormis ce qui allait se passer entre mes élèves et moi. J'oubliais les soucis du quotidien, le deuil que je venais de traverser, les doutes charriés par les flots de la vie.

Finalement, je crois bien être devenue prof.

CHAPITRE 1

PRÊTE À L'EMPLOI

Pour postuler en tant que prof contractuelle, je dépose un dossier sur le site Internet des académies. Le 11 mai 2021, j'envoie ma candidature aux académies de Paris, de Versailles et de Créteil, proches du nord parisien où j'habite. Ma licence d'histoire me qualifie naturellement pour un poste de prof d'histoire-géo. Au moment de valider l'envoi de mon dossier, je ressens un mélange d'excitation – je vais découvrir un nouveau métier – et de panique – et si je ne suis pas à la hauteur ?

Avant leur prise de fonction, les contractuels ne bénéficient d'aucune formation obligatoire[3]. Peut-être aurai-je un tuteur pour me

---

3. Pour la première fois, 4 000 contractuels recrutés au printemps 2022 ont suivi quatre jours de formation obligatoire avant leur prise de fonction. Au cours de l'année, et en fonction des académies,

guider dans mes débuts, comme le précisent certaines annonces d'un rectorat dénichées sur le site de Pôle emploi ? En attendant de potentielles réponses à ma candidature, j'épluche des ouvrages écrits par des enseignants, à la recherche d'une recette qui me transformerait en prof. Certains titres sont évocateurs, *Madame, vous êtes une prof de merde*[4], *Chronique d'une prof qui en saigne*[5], *Du mammouth au Titanic*[6], *Les Territoires perdus de la République*[7]. Côté verre à moitié plein, je lis *Les Territoires vivants de la République*[8], *Les Chercheurs de diamants*[9] et *Les Incasables*[10]. À défaut d'y trouver des formules magiques, je glane quelques conseils pratiques et parfois cocasses : être ferme dès le début de l'année, ne pas sourire aux élèves avant la Toussaint.

---

la formation des contractuels se fait à la discrétion du rectorat ou sur demande du professeur.

4. Charlotte Charpot, *Madame, vous êtes une prof de merde*, J'ai lu, 2011.

5. Princesse Soso, *Chronique d'une prof qui en saigne*, Pocket, 2019.

6. Anne-Sophie Nogaret, *Du mammouth au Titanic*, L'artilleur, 2017.

7. Sous la direction d'Emmanuel Brenner, *Les Territoires perdus de la République*, Éditions Mille et une nuits, 2002.

8. Ouvrage collectif présenté par Benoît Falaize, *Les Territoires vivants de la République,* La Découverte, 2018.

9. Géraldine Doutriaux, *Chercheurs de diamants*, La Chambre d'échos, 2019.

10. Rachid Zerrouki, *Les Incasables*, Robert Laffont, 2020.

Deux semaines après l'envoi de mon dossier, je n'ai toujours pas de nouvelles. Je contacte le rectorat de Versailles, et la chargée d'affectation qui place les contractuels en fonction des besoins des établissements me répond. Elle douche mes espoirs. « On a beaucoup recruté avec le Covid. C'est pratiquement sûr que je ne vous appellerai pas en septembre, sans doute après la Toussaint, disons, après Noël. » Je décroche tout de même un rendez-vous avec une inspectrice, deux jours plus tard, au rectorat.

Le jeudi 27 mai, je m'introduis dans un petit bâtiment aux murs gris et aux faux plafonds cafardeux. Un ficus déplumé donne un semblant de vie à la salle d'attente. L'inspectrice, costume noir et cheveux attachés en chignon, m'emmène dans une salle vide et m'invite à m'asseoir. « Ce n'est pas un oral de concours, il n'y a pas de questions pièges, me prévient-elle. L'idée est d'avoir un petit échange pour mettre en avant les points importants de votre CV. Je ne vous demande pas de réciter tout le programme, je veux voir si vous avez une maîtrise suffisante du système éducatif. Sachant que si on vous appelle, il faut que vous soyez prête à l'emploi en quelques jours, pour vous et vos élèves. »

Je brode sur mon désir de reconversion, déroule mon expérience occasionnelle de formatrice en école de journalisme. Elle me demande si je connais la pédagogie différenciée. Ma réponse évasive semble lui suffire. Elle embraye : « C'est l'idée de s'adapter aux élèves à besoins particuliers, les élèves handicapés, à haut potentiel, dyslexiques, dysgraphiques, dysphasiques, dyscalculiques, ceux en échec scolaire, ceux qui vont s'ennuyer. Il s'agit de proposer différents scénarios en classe, des coups de pouce. C'est pour mettre en valeur tous les potentiels. » Je ne sais pas ce que recouvrent certains de ces termes, mais je m'entends dire que « je suis 100 % d'accord avec cette manière de faire ».

Elle poursuit :

– Si on vous appelle pour vous proposer un poste, quels sont vos premiers réflexes ?

– Je demande où je vais, quand je commence, j'appelle le chef d'établissement…

– Vous lui demandez quoi ?

– Quels sont mes niveaux, combien j'ai de classes…

Je suis décontenancée par ses questions qui me semblent évidentes.

– Il n'y a pas de piège. Parfois, j'ai des candidats qui ne sont pas capables de me dire ça.

Confiante, je poursuis.

– Je demande où est la salle des profs, où est la photocopieuse…

– Très bien !

Elle me résume ensuite les droits et devoirs des contractuels : « L'avantage est que si on vous propose une affectation qui ne vous arrange pas, vous pouvez la refuser. Si vous refusez une fois, vous êtes rappelée. Vous ne pouvez pas refuser quatre fois, par contre. » Autre avantage : une licence suffit ; en revanche, depuis 2022, un master 2 est obligatoire pour passer le Capes. L'inspectrice me remet le guide des contractuels et un fascicule « pour débuter le plus sereinement possible ». Pressée par le temps, elle tend le bras vers la porte pour m'indiquer la sortie. L'entretien aura duré trente minutes. On ne m'aura posé aucune question sur ma maîtrise des contenus théoriques ou sur la gestion de classe. Quatre jours plus tard, je reçois par mail un avis favorable.

Début septembre, comme aucun rectorat ne m'a contactée, j'étudie une nouvelle possibilité : postuler pour l'académie d'Amiens. Depuis Paris, l'Oise reste accessible en transport. D'une voix enjouée, la chargée de recrutement que j'ai au téléphone m'informe qu'elle cherche justement à reconstituer son « vivier ». J'envoie ma candidature. Une semaine plus tard, un inspecteur me fixe un rendez-vous en visio et me demande de lui envoyer le déroulé d'un cours de mon choix.

Le 20 septembre, à 14 heures, le visage d'un homme à la moustache grisonnante et aux lunettes rondes apparaît sur l'écran de mon ordinateur. D'une voix sympathique, il s'étonne d'emblée de ma volonté de quitter le journalisme pour me tourner vers l'enseignement. « Expliquez-moi ce cheminement. » Ses questions ratissent large : « C'est quoi un bon prof d'histoire-géo ? » ; « Diriez-vous que c'est un métier individuel ou collectif ? » et se font soudain précises : « Pourquoi est-il important de récupérer des informations auprès des profs principaux ? »

Le déroulé de mon cours sur les débuts de l'humanité lui plaît. « Nous avons une génération d'élèves avec une concentration, disons, différente, explique-t-il. Il vaut mieux multiplier les temps d'activité relativement courts, puis prévoir la place de la parole du prof. » L'inspecteur me demande ce qu'est l'enseignement moral et civique (EMC). Je balbutie que « ce sont des cours sur le vivre-ensemble, la justice, la laïcité, la République ».

– Est-ce que l'on utilise les mêmes démarches qu'en histoire ?
– On peut utiliser le débat, parce qu'il y a parfois des questions qui peuvent être sensibles.
– Vous me tendez une perche. Je fais un cours sur le génocide arménien et dans ma classe il y a deux élèves d'origine turque qui refusent de prendre le cours. Qu'est-ce que vous faites ? Cette situation s'est déjà présentée dans notre académie.
– L'idée n'est pas de les forcer, mais leur dire que les cours reposent sur des faits historiques.
– Mais concrètement, comment vous gérez la situation ?
– J'essaye de les convaincre de ma démarche.
– Mais vous remarquez qu'ils n'écrivent pas. L'un d'eux se lève et quitte votre salle.
– Je le signale, dis-je, hésitante.
– Voilà ! Vous verrez sur place, il y a une procédure pour tous les dysfonctionnements, notamment ceux qui mettent en jeu les valeurs portées par les profs en la classe. Si vous remarquez qu'un élève est en contradiction avec ce que vous devez enseigner, il faut agir pour que cela ne s'amplifie pas.

L'entretien, plus concret et corsé qu'à Versailles, aura duré quarante minutes. Une heure plus tard, la chargée de recrutement de l'académie d'Amiens me propose deux remplacements, le premier étalé sur deux semaines dans un collège, le second sur six mois dans un lycée. Je choisis le collège.

Le lendemain matin, je contacte la secrétaire de direction de l'établissement. Elle pousse un soupir de soulagement : « C'est génial que vous arriviez, ça fait trois semaines que les gamins n'ont pas cours d'histoire-géo. Vous pouvez commencer quand ? » « Après-demain. » Elle m'adresse mon emploi du temps et les trombinoscopes de mes classes. J'en ai six : deux 6e, deux 5e et deux 3e. J'observe les visages de mes 164 élèves. D'un coup, ce projet de devenir prof devient plus réel. Comment vais-je gérer autant d'adolescents ? Les reconnaître ? Retenir leurs prénoms ? En tout cas, ça y est : trois jours après un entretien d'une trentaine de minutes, sans aucune formation, je fais partie des 859 000 profs de l'Éducation nationale.

CHAPITRE 2

BAPTÊME DU FEU

Comment est-on censé s'habiller quand on est prof? Dans la vie, je suis plutôt jean et tee-shirt. Pour mon premier jour devant une classe, j'applique un conseil glané dans un reportage: pantalon et haut noirs, une allure neutre tendance austère présentée comme « la tenue idéale du prof ».

Il fait encore nuit quand je sors de chez moi. Je monte sur mon vélo bleu, pique en direction de la gare du Nord. Une fois arrivée dans le hall immense de la station, j'observe les yeux des voyageurs faire des va-et-vient entre leurs téléphones et les tableaux d'affichage. Mon passe Navigo ne fonctionne pas dans l'Oise. J'achète un abonnement SNCF à quarante-huit euros pour deux semaines. Je monte dans le TER avec mon vélo et me cale sur un strapontin.

Après vingt-deux minutes de trajet, le train s'arrête dans une aimable gare en pierre taillée.

Je descends du train et parcours à vélo les douze minutes qui me séparent du collège. Des canaux, des villas et des hôtels particuliers... Cette petite ville a un air de campagne paisible et cossue. Enfin, j'aperçois le collège.

Le bâtiment années 1970 de couleur bleu ciel est entouré de verdure. Trois adolescentes écoutent du rap en dansant autour d'un banc. Je me poste devant la grille de cet établissement semblable à un navire. Des élèves sortent du collège, le visage à moitié couvert d'un masque chirurgical. L'un d'eux m'interpelle : « J'adore votre vélo madame ! » avant d'éclater de rire. Je bredouille un « merci ». Une femme blonde et élégante leur emboîte le pas et se dirige vers moi.

– Je peux vous aider ?

– Bonjour, je suis Mme Benjamin, la remplaçante d'histoire-géo.

– Bienvenue ! Je suis la principale, entrez et attendez-moi au secrétariat !

J'entre dans le vaste hall du Navire, longe la loge de la gardienne puis emprunte un couloir étroit menant au bureau de Marie, la secrétaire de direction avec qui j'ai déjà échangé au téléphone. J'y entre, très intimidée. Marie est assise devant son ordinateur. Je ne me sens pas du tout crédible dans ce nouveau rôle de prof. « Installe-toi, je dois te faire signer ton procès-verbal d'installation et ton contrat », m'indique-t-elle. J'appose ma signature sans vraiment lire la paperasse. Marie me note sur un post-it mon numéro d'identification. « Il est indispensable pour créer ta session d'ordinateur, accéder à ta messagerie et à ton compte ENT, on attend juste que l'Éducation nationale te fournisse ton mot de passe. » ENT signifie « espace numérique de travail », logiciel de gestion de vie scolaire indispensable aux profs. J'en ai entendu parler quand j'étais journaliste, mais je n'ai jamais vu à quoi cela ressemblait.

La principale entre dans le bureau de Marie et me salue : « On est très heureux que vous soyez là ! » Je lui confie avoir passé mon entretien il y a seulement trois jours.

– Cela ne m'étonne pas. Dans l'Oise, notre vivier est à zéro dans toutes les matières. Les profs qui habitent dans la région veulent rester vers Amiens et les Parisiens ont l'impression qu'on est trop loin.

La principale reste debout pour une entrevue informelle. Elle-même ancienne prof d'histoire-géographie, elle affiche un visage rassuré en m'écoutant dérouler mon CV. Mon manque d'expérience ne semble pas l'effrayer. Elle égrène quelques conseils : « Ramenez vos cours à du concret, servez-vous du numérique, les vidéos fonctionnent bien pour captiver les élèves, faites des évaluations régulières pour vérifier qu'ils révisent, et surtout, on est au théâtre, enfilez votre costume de prof et tout se passera bien, c'est un collège tranquille, vous verrez. »

Pantalon orange et chemisier à fleurs bariolé, cheveux courts, une femme passe à son tour la porte dix minutes plus tard. Elle salue la principale, je comprends qu'il s'agit de la prof que je remplace, en arrêt de travail depuis qu'elle s'est cassé un pied ; la veille, je l'ai appelée pour savoir où elle en était dans ses cours. D'emblée, elle m'a proposé de venir m'aider à prendre mes marques. Elle se tourne vers moi. « Anna, c'est ça ? Je t'emmène voir ma salle ? »

Cette quinquagénaire a eu son Capes il y a trente ans, et enseigne au Navire depuis vingt ans. Elle est ici chez elle. Nous traversons le hall et empruntons l'escalier menant à un large couloir aux murs bleu et blanc, celui des salles d'histoire-géo. Sur chaque porte, une plaque affiche le nom d'un personnage historique. Il y a la salle Lucienne Sébart, résistante communiste, Marc Bloch, historien, Léonidas, roi de

Sparte au IVe siècle avant Jésus-Christ. Nous nous arrêtons devant la salle « Aliénor d'Aquitaine », du nom de la reine de France puis d'Angleterre au Moyen Âge. Aliénor ouvre la porte de son royaume et me confie ses clés.

Sa salle de classe est grande et lumineuse. Aux murs, des photographies de l'acropole d'Athènes, une immense frise chronologique, des cartes des reliefs du monde et de la France. À droite du tableau, un bureau – je note qu'il n'y a pas d'estrade comme j'en ai connu – et un ordinateur avec « Internet qui marche ». L'ordinateur est relié à un TNI, pour « tableau numérique interactif », lui-même relié à un vidéoprojecteur. Aliénor me fait une démonstration avec le stylet qui permet d'écrire sur le TNI. Puis elle me présente Pronote, l'ENT utilisé au Navire. « Là, tu mets ce que tu as fait pendant le cours, là les devoirs, là tu fais l'appel, là tu peux recevoir et écrire des messages aux collègues, aux élèves et aux parents, là tu rentres les notes, là tu peux faire des quiz, là tu as les manuels numériques. » Je prends des notes par peur de tout oublier. Je me sens déjà dépassée.

Nous abordons le sujet principal : les élèves. Sur les six classes dont je vais m'occuper, Aliénor m'indique qu'il y a quatre « dys qui ont des PAP ».

– Qu'est-ce que c'est, les « PAP » ? j'ose.
– Un plan d'accompagnement personnalisé. Pour que les élèves dyslexiques, dysgraphiques, dysphasiques suivent le même enseignement, on adapte, certains n'arriveront pas à lire tes documents donc l'évaluation doit être en corps 14, pour d'autres, il faudra adapter le type d'exercice ou l'évaluation.

Personne ne m'a expliqué comment appliquer ces aménagements. On verra bien. Aliénor me conseille de garder un œil sur un dénommé Paul. Sa mère lui a justement écrit pour vérifier que son PAP était bien mis en place. Jeff, lui, est « brut de décoffrage, il ne faut pas se braquer, il vit chez ses grands-parents ». Il devrait avoir un PAP, mais ses parents n'en ont pas fait la demande. « Tu verras, on a des gamins qui questionnent de plus en plus. D'un côté c'est bien parce que ça montre qu'ils sont intéressés, de l'autre ils nous emmènent au bout du monde, et parfois le bout du monde, c'est très loin. » Elle me remet ses plans de classe, qui indiquent à quelle place chaque élève doit s'asseoir, et me fait un point sur l'avancée de ses cours. Aliénor conclut en me souhaitant bon courage. « Si besoin, la collègue d'histoire qui se trouve dans la salle d'en face pourra t'aider. » Il est 11 h 30. Après deux heures d'explications, mon cerveau déjà saturé du contenu de mes cours croule sous de nouvelles informations. Et ce brief express me fait me sentir comme une mamie qui découvrirait TikTok.

Je file photocopier les documents que je prévois de distribuer aux élèves et passe au CDI récupérer des manuels. Mon premier cours commence à 13h15, j'ai le temps de manger à la cantine avant. Mon plateau-repas dans les mains, je franchis le réfectoire bruyant et m'engouffre dans une petite salle réservée aux profs. Une brune aux cheveux relevés et un grand type fin y déjeunent dans le calme. Je m'installe seule sur une table à côté d'eux après leur avoir souri timidement. J'ai le sentiment d'être la nouvelle élève qui arrive en cours d'année, gauche et apeurée. Le prof se présente : Mathieu. Il m'assure que je suis chanceuse de débuter ici. « Les gamins sont intelligents et il y a du niveau », affirme-t-il, pendant que je picore du saumon et des courgettes.

Après le repas, je regagne ma salle de classe. Je projette mon PowerPoint sur l'Empire carolingien pour les 5e, le ventre de plus en plus noué. Alors c'est ça, ce que ressentent les novices de l'Éducation nationale ? Je me refais le scénario du cours, empile sur mon bureau les documents à distribuer. Je vérifie trois fois que tout est en ordre. Je m'assois sur ma chaise, me lève, me rassois, jette un œil par la fenêtre qui donne sur l'entrée du collège. Les élèves franchissent la grille de l'établissement.

CHAPITRE 3

PREMIERS COURS

13 h 10, la sonnerie retentit. Le « dring » strident de mon enfance a laissé place à quelques notes de musique imitant un carillon de Noël. Je descends l'escalier, traverse le hall et entre dans l'arène, les clés de ma salle à la main pour me donner une contenance. Cinq cent soixante élèves occupent la cour immense. Les numéros de chaque classe sont peints en blanc sur le sol pour délimiter l'endroit où les élèves doivent se ranger. Je cherche désespérément la zone « 5^{e}1 ». Un prof repère mon désarroi.

– Tu as quelle classe ?

– Les 5^{e}1.

– C'est là !

Un amas de sacs à dos abandonnés cache le numéro. « Merci ! » « Avec plaisir, bon courage ! » Je me poste devant le tas de sacs. En quelques secondes, un essaim d'élèves s'agglutine devant moi. « C'est vous madame Benjamin ? » « C'est vous la remplaçante ? » « On va dans quelle salle ? » Je feins la confiance et la décontraction. Je traverse la cour, mes élèves m'emboîtent le pas. Je jette des coups d'œil pour m'assurer qu'ils suivent. Impossible de le savoir, je ne connais pas leur tête. Je me repasse le scénario conseillé par Aliénor : les faire se ranger devant la salle, les faire entrer et se tenir debout derrière leur chaise, me placer devant le premier rang et les inviter à s'asseoir quand ils sont calmes. Ils s'installent, je ferme la porte. Tous les élèves me dévisagent de leurs yeux d'adolescents curieux.

Faute de parvenir à me connecter au Pronote d'Aliénor, je me résous à faire l'appel à l'ancienne, sur une feuille A4. Je ne réussis pas à me servir du tableau numérique et finis par utiliser une craie pour écrire sur le tableau noir. Sauf que les élèves peinent à me lire. Ça commence mal. Je leur distribue des exercices, leur pose des questions. Eux aussi : « Madame, c'est quoi un évêque ? » « Qu'est-ce que c'est la différence entre un royaume et un empire ? » « Est-ce que Dieu existe ? » Je bredouille que « certaines personnes pensent que oui, d'autres, non ». Ma première heure de cours se termine. Les élèves ont été attentifs, j'ai tout donné pour éviter les temps morts, et surtout, pour cacher le fait que je débute.

Je suis à peine remise de mon apnée que ma deuxième classe de 5e m'attend déjà dans le couloir. Dans ce groupe encore, les élèves sont plutôt calmes, et j'essaye de ressembler à une prof crédible. À la sortie de cette deuxième heure de cours, j'oscille entre épuisement et excitation.

Arrive ensuite l'une de mes classes de 6e, les élèves que je redoute le moins. J'écorche quelques prénoms dont celui de Naïl, un garçon qui, pour amuser ses camarades, m'affirme qu'il est une fille. Les élèves posent des questions sans lever la main, ma voix est couverte par des bavardages diffus dont je suis incapable de déceler la source, en grande partie à cause des masques qui cachent les bouches des élèves. J'élève la voix, tente des « chut » désespérés auxquels répondent des « chut » moqueurs. Je leur demande d'où vient le terme Néandertal. Un élève lève la main. « Du néant. » Éclat de rire général. Naïl se met à lancer des stylos à travers la salle. Je suis décontenancée et n'ose rien dire. Un autre a mal à la tête et veut aller à l'infirmerie. Je l'autorise à sortir. « Mais s'il s'évanouit ? On ne peut pas être seul dans les couloirs », proteste Jade. Dix mains se lèvent pour l'accompagner. Jade se fait passer pour la déléguée. Je comprends que ce n'est pas le cas, mais je l'autorise à accompagner l'élève. L'important est de passer à autre chose.

Naïl interrompt ses lancers de stylos pour prendre la parole : « Madame, il est quelle heure ? » Je tourne la tête vers l'horloge accrochée au-dessus du tableau et m'agace : « Pourquoi tu me demandes ça ? » « Juste pour savoir. » À force d'interrompre mon cours, ce que je raconte me paraît décousu. Au bout de quarante minutes, je lance la diffusion de l'extrait d'un *C'est pas sorcier* sur le Paléolithique. Je ferme les rideaux. Dans l'obscurité, le calme revient.

Quand la sonnerie retentit à 16 h 15, les élèves sortent comme ils sont entrés, dans l'agitation. Je suis vidée. J'appelle Aliénor pour lui parler de Naïl : « Tu n'as pas vu le message dans Pronote ? Il a déjà un dossier, il a découpé le manteau de Sam et se trouve en conflit avec d'autres élèves. Il faut faire un cordon sanitaire autour de lui, le mettre au milieu des gentils qui ont du coffre. Change-le de place, et n'hésite pas à mettre un mot dans son carnet. »

En quittant le Navire, je croise Mathieu, le prof rencontré à la cantine.

– Alors, comment ça s'est passé ?
– Pas génial avec les 6e5.
– Rassure-toi, je les ai croisés, ce n'était pas leur après-midi, ils étaient super excités. Ça ira mieux au prochain cours.

Je monte dans le train de 17 h 58, les jambes lourdes à force d'être restée debout toute la journée. J'ai donné seulement trois heures de cours, elles m'ont semblé s'étaler sur trois siècles.

À 21 h 30, enfin, je parviens à me connecter à Pronote avec les codes d'Aliénor pour m'exercer à la prise en main de la plateforme. Ce soir-là, dans mon lit, je parcours le manuel de 3e. Quand j'éteins la lumière, mille questions tournoient dans mon cerveau fatigué. Dans quoi me suis-je embarquée ? Comment vais-je gérer Naïl ? Est-ce que je dois vraiment y retourner demain ? Est-ce que j'ai le bon nombre de photocopies pour mes prochains cours ? Vais-je tenir sur la durée ? Ai-je bien fermé ma classe à clé ?

CHAPITRE 4

LA SCÈNE DE THÉÂTRE

Deuxième jour. Je ne commence qu'à 9 h 40, mais j'ai décidé d'arriver en avance, le temps de me glisser dans ma peau de prof. Je m'installe dans ma salle à 8 h 40 et entends des talons claquer. Je sors de ma classe et passe une tête dans celle d'en face, celle de la résistante Lucienne Sébart. Une femme, cheveux mi-longs, est assise à son bureau et tape fort sur son clavier d'ordinateur.

– Bonjour ! Je suis Anna, la remplaçante d'Aliénor.

– Oh, bonjour ! Moi, c'est Lulu. Ça se passe bien ? s'enquiert-elle d'une voix enjouée.

Je lui résume mes cours de la veille.

– Avant, me dit Lulu, les élèves mettaient une semaine à nous tester. Maintenant, c'est le premier jour, mais ça va bien se passer, ne t'inquiète pas.

La sonnerie retentit. Lulu bondit de sa chaise et quitte la salle, sa grande veste marron virevoltant à chaque mouvement. « Je te préviens, je fais cours la porte ouverte », me lance-t-elle en dévalant les escaliers.

À cet instant, un homme trapu s'engouffre dans la salle baptisée Léonidas, un casque de moto à la main en guise de glaive. Léonidas, roi de Spartes célèbre pour son opposition héroïque face aux Perses, dont la vie a été revisitée dans le blockbuster hollywoodien *300*. Léonidas me salue furtivement. Lulu remonte avec ses élèves, s'arrête sur le pas de sa porte et adresse un « bonjour » énergique à chacun d'entre eux. Une heure plus tard, je l'imite pour accueillir mes élèves de 6e. Vu l'expérience désastreuse de la veille avec mon autre classe de 6e, j'appréhende. Mais ceux-là se comportent comme des enfants modèles, tout en politesse et en retenue. Ils posent des questions après avoir levé la main et ne bavardent pas. Forcément, je me sens plus à l'aise.

Pendant la récréation, je tombe sur Lulu dans le couloir. Je lui raconte que cette 6e a été plus attentive : « C'est normal, c'est la classe à option, certains ont déjà deux langues ou font allemand. On ne fait plus de classe de niveau, mais ces options font qu'ils sont meilleurs.

Et après, on saupoudre avec quelques élèves en difficulté. »

Pendant les pauses, les enseignants du Navire se scindent en deux groupes. Les fumeurs et les jeunes s'entassent derrière le collège, en haut d'un escalier de service, les non-fumeurs et les plus vieux se retrouvent en salle des profs. J'accompagne Lulu dehors. « Ici il y a les gens cool qui rigolent, alors que dedans, ça dort », taquine-t-elle en arrivant devant une dizaine de collègues. L'équipe est composée d'une cinquantaine de profs. Elle est stable – la plupart des profs affectés au Navire y restent de nombreuses années – et la moyenne d'âge semble tourner autour de 45 ans. « Il y a certains collègues que tu ne verras jamais en salle des profs, ils viennent et repartent », regrette Lulu.

Le vendredi, je termine ma journée de cours à midi, mais je reste au collège pour travailler. À la pause déjeuner, je me rends pour la première fois dans la salle des profs. Une grande table, un coin salon avec des fauteuils colorés, des casiers en bois étiquetés du nom de chaque prof, le lieu est accueillant, l'ambiance, détendue. Entre bienveillance et préconisations, des collègues prennent le temps de m'expliquer comment fonctionne le Navire, à quel type d'élèves j'ai affaire, quelles sont les embûches du métier. « Je t'offre un café ? » m'interpelle un homme grand, cheveux bruns, lunettes rondes. Il porte un pull à rayures rouge et blanc, tient un livre dans ses mains. Charlie, prof de français de 45 ans, en fait dix de moins. « Il paraît que tu habites à Paris ? me lance-t-il. Tu sais que nous ne sommes que deux à vivre là-bas ?! » Dans la foulée, il me propose que nous nous retrouvions en fin de journée pour prendre le train de 17 h 58.

Je passe une heure à la photocopieuse pour préparer mes exercices du lundi. Dans le jargon des profs, on ne dit pas « exercices » mais « activités ». Celles-ci sont devenues le nerf de la guerre. Fini le cours magistral de mon adolescence, place aux activités ou aux travaux de groupe. J'ai prévu un schéma et une chronologie à compléter sur l'évolution des premiers hommes pour les 6e. Pour les 3e, je terminerai le cours d'Aliénor sur la Première Guerre mondiale. Lulu me rend visite : « Ça te dirait de venir assister à mon cours sur le génocide arménien avec les 3e ? » Je saisis l'occasion de voir une prof en action.

Une fois dans sa salle de classe, je m'assois au dernier rang. Perchée sur de hauts talons, son stylet à la main, Lulu entame une chorégraphie entre son bureau, les rangées d'élèves et le tableau numérique. Elle pose des questions, relance ses élèves, les abreuve d'anecdotes. Son public est captivé et en redemande. Je suis subjuguée par son assurance et aspirée par ce qu'elle raconte. Elle ne leur donne pas d'activités. « Ils ne finissent jamais tous en même temps, me dit-elle à la fin du cours. Si un inspecteur me le reproche, je dirai que je préfère construire le cours avec eux. »

Je retrouve Charlie vers 17 heures. Avec ses allers-retours quotidiens entre la gare et le Navire, il totalise 30 kilomètres de marche par semaine. « Ça me permet de décompresser ! » me lance-t-il. Fils et frère de profs, Charlie a décroché son Capes après quatre échecs. Il dit n'avoir pas appris grand-chose pendant son année de stage en Bourgogne – la moitié passée devant une classe, l'autre moitié à l'Inspé, Institut national supérieur du professorat et de l'éducation. « À la fin de l'année, j'ai avoué à mes élèves que j'avais appris sur le tas, et que le tas, c'était eux. »

Il dépose alors sa candidature pour un poste à l'académie d'Amiens, se dit que l'ambiance va être « sympa ». Il est finalement nommé dans un lycée « où c'était vraiment la merde ».

Turnover des profs, établissement mal géré, mal organisé. « Disons que la direction ne soutenait pas les profs », résume-t-il. Nommé au Navire il y a six ans, il a vécu trois ans dans la petite ville, avant de s'installer à Paris avec sa copine. Sa situation financière l'oblige à faire des heures supplémentaires pour payer son loyer parisien.

Le salaire d'un prof recruté par concours est environ de 1 700 euros net lors de sa titularisation si l'enseignant se contente de ses 18 heures de cours obligatoires par semaine. Après dix ans de carrière, le salaire net s'élève à 1 800 euros. Tous les profs touchent par ailleurs 200 euros de prime mensuelle. D'autres primes peuvent s'ajouter en fonction de l'« engagement » de chacun, *dixit* le ministère.

Charlie me détaille son organisation pour s'en sortir : « Quatre heures supp' de cours chaque semaine et deux heures hebdomadaires d'aide aux devoirs. Les heures supp' sont intéressantes financièrement, mais il y a des établissements où tu es tellement rincé que tu ne peux pas en faire. » Sa prime de prof principal lui rapporte en plus 90 euros par mois. Pour cette somme, il assure une heure de « vie de classe » toutes les deux semaines, suit les acquis des élèves, appelle les parents, les reçoit et monte des dossiers d'aménagement pour les élèves en difficulté. Au total, Charlie estime travailler une quarantaine d'heures par semaine, si l'on ajoute la préparation des cours – il modifie un quart de leur contenu tous les ans – et les corrections de copies. Comme Charlie, la plupart des profs font des heures supp', 1,4 heure par semaine pour les femmes, 1,9 heure chez les hommes[11] et la moitié des enseignants déclarent un temps de travail supérieur à 43 heures par semaine[12] – toujours en prenant en compte à la fois les heures de cours et le temps de préparation et de correction.

Pour Charlie, les profs ne sont pas assez payés et il me rappelle que ce sont les socialistes qui ont décidé de geler le point d'indice qui régit la rémunération des fonctionnaires. Au début des années 1980, un enseignant débutant gagnait l'équivalent de 2,3 fois le smic. Il touche aujourd'hui environ 1,2 fois le salaire minimum[13]. Un rapport sénatorial remarquait en juin 2022 que « le salaire net des enseignants se rapproche de celui des brigadiers et gardiens

---

11. Bilan social de l'Éducation nationale, 2021.
12. Services statistiques du ministère de l'Éducation nationale.
13. Calculs réalisés par l'économiste Jonathan Chancel, professeur à Sciences Po et codirecteur du laboratoire sur les inégalités mondiales à l'École d'économie de Paris.

de la paix » dont les niveaux de qualification sont moins élevés[14].

Nous montons dans le TER. Assis sur un strapontin, Charlie me raconte, comme une confession, qu'en réalité il a fait un burn out dans le lycée où il a débuté. Un élève se scarifiait et se faisait harceler. Le prof écrit un rapport sur « les meneurs ». « L'élève a affirmé que je mentais, la direction, que mes cours étaient trop durs. » Charlie a sombré, s'est mis en arrêt maladie pendant un an, avant d'obtenir un an de disponibilité. « Soit j'avais ma mutation, soit je démissionnais. »

Avant de nous séparer sur le parvis de la gare du Nord, il me glisse quelques conseils. « Au début, ce n'est pas naturel de travailler avec trente paires d'yeux qui te regardent. Mais il faut que ta prestation te ressemble, sinon tu ne tiens pas dans le temps. Et surtout n'oublie pas, si tes élèves râlent, ce n'est pas contre ta personne, mais contre l'autorité que tu représentes. » Il me suggère de noter les noms des perturbateurs sur une feuille, de leur donner une punition et d'annoncer que les prochains sur la liste l'auront

14. Rapport sénatorial, « Comparaison européenne des conditions de travail et de rémunérations des enseignants », 2022.

deux fois. « Le plus important, c'est de ne rien lâcher les deux premiers mois. » Il me conseille enfin de m'imposer une journée dans la semaine où je ne travaille pas. En s'éloignant, il ajoute : « Et il faut savoir mettre les choses à distance, sinon tu te fais bouffer. D'autant que toi tu bosses, et que l'Éducation nationale s'en fout. »

CHAPITRE 5

ON SUSSE ?

Pour mon premier week-end de prof, je n'ai pas réussi à décrocher. J'ai enchaîné les insomnies, la tête pleine de questions potentielles d'élèves auxquelles je ne sais pas quoi répondre. J'ai regardé une vidéo sur Charlemagne et terminé la préparation de mes cours. Je me suis rendu compte que j'avais dit quelque chose d'inexact aux élèves, ma hantise. J'ai qualifié Toumaï « d'humain », alors que cette espèce née il y a sept millions d'années fait partie des pré-humains…

Le lundi est ma plus longue journée. Six heures de cours m'attendent, réparties entre 8h15 et 17h10. À 7h45, je suis l'une des premières arrivées. Les néons des couloirs s'allument sur mon passage. Les femmes de ménage s'affairent dans les classes, ça sent bon le produit nettoyant. Déjà, une routine s'installe quand j'entre dans ma salle : allumer la lumière, mon ordinateur puis le projecteur, ouvrir le logiciel Pronote, projeter le cours sur le tableau blanc, ouvrir le manuel numérique à la bonne page, sortir mes polycopiés, les empiler sur mon bureau. Ça me rassure que tout soit prêt quand les élèves arrivent.

Mes trois heures de cours du matin me semblent plus fluides. Je m'inspire de Lulu, je projette la « trace écrite » (la leçon, dans le jargon des profs) sur le tableau blanc ; j'utilise le stylet ; je regarde davantage les élèves, occupe mieux l'espace. J'ai déplacé Sam loin de Naïl, j'ai puni Rodolphe, Lætitia et Mirko, trois élèves de 3e qui ont passé l'heure à bavarder. Ils doivent recopier la leçon sur les révolutions russes. Petite victoire, j'ai fait l'appel sur Pronote. Un bémol cependant : je l'ai fait sur le compte d'Aliénor, car je n'ai toujours pas accès au mien. J'ai aussi entré les cours et devoirs dans le cahier de texte numérique. Je termine cette matinée pleine de vertiges. J'ai l'impression de courir un marathon : je dois prévoir des barres de céréales pour reprendre des forces entre deux cours.

Il est 16h15, fin de mon avant-dernière heure de cours. Avant de sortir de classe, Malia, une élève de 6e, vient me parler. « Madame, Gaspard n'arrête pas de m'embêter, il m'envoie des mots, vous pouvez me changer de place ? » J'entrevois des papiers chiffonnés dans le creux de sa main. « Tu peux me montrer ce que tu tiens ? » Gênée, Malia me tend trois boulettes. Je les déplie. « Touche ma bite ok? Ok, merci. Quand ? » « on susse ? » « calme-toi. » Je tente de dissimuler un rictus de gêne et promets à Malia de m'en occuper. Je profite de l'interclasse pour bondir dans la salle de Lulu et lui tendre les bouts de papier.

– Qu'est-ce que je suis censée faire ?

– C'est un 6e qui a écrit ça ?! Je n'y crois pas !

Lulu attrape une feuille sur son bureau et me la tend.

– Remplis ce rapport d'incident et donne-le à la CPE.

Je retourne dans ma classe, glisse la feuille dans mon sac et accueille les 3e pour ma dernière heure.

En quittant le Navire, je croise Nathalie, l'une des deux CPE du Navire, cheveux blonds et petites lunettes : « Lulu m'a dit ce qu'il s'est passé, on se voit demain, on ne va pas laisser passer ça. »

Le lendemain, après le déjeuner, je passe dans le bureau de Nathalie. Ancienne informaticienne, elle est CPE dans le collège depuis huit ans. Elle m'écoute raconter la scène et observe les mots posés devant elle : « Je ne suis pas sûre qu'il y ait plusieurs auteurs, l'écriture laisse à penser qu'il a agi seul. Dans le doute, on va convoquer le voisin de Gaspard, il a forcément vu quelque chose. Les 6e n'ont peur de rien, et puis il faut voir les réactions des parents. Certains comprennent que c'est grave, d'autres trouvent toujours des excuses à leurs enfants, voire les défendent. »

Elle inscrit les noms des élèves dans son ordinateur. Gaspard a déjà écopé d'une heure de colle après une bagarre. « Il faut le stopper tout de suite. » Elle convoque Malia, Gaspard et Jean. Les trois élèves arrivent quelques minutes plus tard, l'air effrayé. Ils restent debout, alignés devant son bureau, Gaspard les bras croisés, Malia les mains jointes devant elle. Je vois leurs visages blêmir quand ils aperçoivent les petits mots sur le bureau. Nathalie commence son interrogatoire.

– C'est quoi ça ?

– Des bouts de papier, répond Gaspard.

– Qui a écrit dessus ?

– C'est moi, concède-t-il.
– Et il y a écrit quoi ?

Gaspard reste muet. Nathalie brise le silence en lisant les trois bouts de papier. Ces mots prononcés à voix haute par la CPE les rendent d'autant plus déplacés. Elle fixe les trois élèves. Du haut de son mètre trente, Gaspard a le visage d'un petit garçon. Ce qu'il est. Il rougit. Ses mains tremblantes serrent ses bras frêles.
– Pourquoi vous avez écrit ça, Gaspard ?
– C'est un cap ou pas cap lancé par Jules.
– C'est pas vrai, répond Malia.

Nathalie interroge le troisième élève.
– Vous l'avez vu donner les mots à Malia ?
– Oui, il lui a lancé.
– Est-ce que vous reconnaissez les faits, Gaspard ?
– Oui, je n'aurais pas dû écrire ça. Ce sont des mauvaises choses à dire.

Nathalie invite Jean à quitter son bureau. Une fois la porte refermée, elle se met à crier.
– Pourquoi êtes-vous au collège, Gaspard ?!
– Pour travailler.
– C'est-à-dire ?!
– Apprendre des choses.
– Et c'est ce que vous faites ? Je vais vous voir dans mon bureau tous les jours ? Vous vous prenez pour qui ? Vous vous rendez compte de

ce que vous avez écrit ? Ce sont des propos à caractère sexuel. Si ma fille de 11 ans reçoit ça, je porte plainte. Vous vous rendez compte que la personne qui les reçoit ne peut pas écouter son cours. Ça ne va pas seulement être une heure de colle, ça va être une sanction. C'est inadmissible. Je ne vais pas m'embarrasser avec des élèves comme vous. Je vais appeler vos parents. Malia, vous allez en parler à vos parents aussi, pour qu'ils sachent.

Je suis pétrifiée sur ma chaise. Malia acquiesce, Gaspard sanglote. Nathalie les fait asseoir l'un en face de l'autre et leur tend une feuille blanche. Chacun doit écrire sa version des faits. Gaspard écrit deux lignes maladroites dans lesquelles il explique avoir écrit « des mots qu'il fallait pas ». Concentrée, Malia noircit sa feuille. Nathalie me demande aussi de rédiger un compte-rendu pour le rapport d'incident. Elle a agrafé les trois mots sur la feuille. Je rédige ma version des faits, puis hésite à la question : « L'élève perturbe-t-il le cours ? » Nathalie me voit marquer un temps d'arrêt.

– Est-ce qu'il a perturbé le cours ?

– Il bavarde un peu.

– Donc il perturbe le cours. Il faut le charger tout de suite pour qu'il reste sur les rails.

Pour l'« événement à caractère sexuel », je dois choisir entre « heures de colle » et « sanction ». « Tu veux mettre quoi ? » J'hésite à nouveau. J'ignore ce qui se cache derrière le terme « sanction ». Et j'ai du mal à enfoncer Gaspard, je ne me sens pas légitime et je crains aussi que l'élève m'en veuille. Nathalie remarque mon embarras. « Si tu veux, je choisis. Ce sera sanction. Merci beaucoup, je m'occupe de la suite. »

Je sors de son bureau, abasourdie. Je ne suis pas une simple observatrice, je suis prof. Il va falloir que je l'intègre. Car il me faut parfois prendre des décisions de prof. Je croise Lulu dans le couloir. Ce matin, elle a fait pleurer trois élèves de 6e en leur disant qu'elle allait appeler leurs parents : « Un élève a imité l'accent africain, il est bête, il est noir en plus. Il faut toujours laisser traîner une oreille et un œil en classe et leur montrer qu'ils sont coincés, que tout le monde est au courant de ce qu'ils font, parce qu'ils pensent qu'on ne se parle pas et qu'on est seuls face à eux. »

Gaspard écopera d'un jour d'exclusion. Dans mes cours, il va s'assagir. Même si, quelques jours plus tard, il écopera de deux heures de colle pour avoir tenu des propos homophobes dans la cour à l'encontre d'un élève.

CHAPITRE 6

KIT DE SURVIE

Nous avons tous un enseignant qui nous a marqués, en mal ou en bien. Pour ma part, il s'agit d'un petit homme à la moustache blanche, M. Gonzalez, prof de sciences économiques et sociales (SES). Après deux années ennuyeuses au lycée, la terminale a été pour moi une révélation, grâce à cet homme. Je me souviens du mouvement de son corps dans la classe, de celui de ses mains quand il parlait, du rythme de sa voix, de son regard malicieux, de ses costumes assortis à ses cravates. J'ai en tête la passion avec laquelle je l'écoutais, sa bienveillance et son exigence. Grâce à lui, j'ai décroché un 18 au bac en éco, ce qui m'a permis d'intégrer une filière sélective à l'université. En revanche, impossible de me souvenir précisément du contenu de ce qu'il m'a enseigné.

Alors comment construire un cours quand on se dit que la plupart des choses que l'on raconte aux élèves vont s'évaporer ? L'Éducation nationale ne propose pas de cours types. Ce dogme porte un nom : la « liberté pédagogique », une prérogative ardemment défendue par les enseignants, leur permettant de s'adapter à leurs élèves et à leur établissement. Le ministère publie simplement des programmes sur le site Éduscol. Il s'agit de synthèses qui expliquent pourquoi on enseigne tel ou tel thème, les compétences travaillées, les notions abordées, les grandes idées attendues et les écueils à éviter. Les notions sont parfois complexes – « la guerre d'anéantissement », « les espaces productifs », « les dynamiques et fonctions »... –, cela reste souvent très abstrait pour moi.

Pour parfaire mon initiation, j'ai sollicité Pauline, une amie prof d'histoire, qui m'a partagé ses documents. Elle m'a alertée : « Pour que les élèves suivent, il ne faut surtout pas en faire trop » ; « Oublie les "tâches complexes" proposées par les manuels, elles sont souvent trop décourageantes. » Enfin, elle m'a prévenue : « Moi, je n'arrive jamais à terminer le programme. » Étienne, ami d'amie et ancien contractuel, m'a aussi envoyé des activités toutes faites. Nom de son dossier : « Kit Survie ».

Sur Internet, des profs mettent leurs cours à disposition. Je tombe sur ceux de Danièle Corneglio ; une mine d'or. Cette prof installée dans le sud de la France met « des ressources en ligne pour les collègues ». Programmation, séances, activités, évaluations, fiches méthodologiques, tout est téléchargeable.

Au collège, une année scolaire représente environ quarante heures d'histoire, quarante heures de géographie et une quinzaine d'heures d'enseignement moral et civique réparties sur trente-six semaines de cours. L'objectif consiste à faire entrer le programme dans le temps imparti. Une partie de Tetris. De la 6e à la 3e, le programme commence à la naissance de l'humanité et se termine par la guerre d'Irak, en 2003. Si certains thèmes me sont familiers comme la Révolution française et la Seconde Guerre mondiale, je repars de zéro avec le Néolithique et Charles Quint.

Je construis mes cours en trois temps : une leçon écrite piochée dans le manuel, des supports visuels – photographies, images, vidéos –, et des activités du manuel ou inspirées des cours que j'ai récupérés. J'entremêle le tout.

J'imagine que les supports de cours disent toujours quelque chose du prof qui les a réalisés.

Avec mes dizaines de *slides* sur PowerPoint, mes dossiers et sous-dossiers, j'appartiens à la catégorie « tout doit être cadré ». J'ai besoin d'avoir une connaissance fine du contenu théorique à enseigner, je ne peux pas me permettre d'improviser devant les élèves. L'exercice est chronophage. Pour une heure de cours, j'en passe en moyenne quatre à le construire, et une heure à me le réciter pour ne pas lire mes notes devant les élèves. Tout doit paraître fluide et naturel. Souvent, je me noie dans les informations. Comment sélectionner, dans le volume infini des connaissances, l'infime morceau que je tenterai d'incruster dans la tête de mes élèves ? Quels sujets vont les emballer ? Les ennuyer ? Au moment de trancher, je me sens souvent bien seule.

CHAPITRE 7

TUTORAT OFFICIEUX

J'ai intégré l'équipage du Navire il y a une semaine. Mon jeudi après-midi a été éprouvant. Une de mes classes de 3e me pose un problème. Quatre garçons turbulents se sont moqués d'une élève qui a quitté la classe en pleurs. Ne comprenant rien à la situation, je me suis contentée d'envoyer une de ses copines la chercher dans le couloir. « Ils lui ont dit qu'elle était grosse, et en plus ils pourrissent le cours », m'a expliqué sa voisine à la fin de l'heure. Je comprends mieux pourquoi les filles refusent de passer au tableau quand je le leur demande. Je n'ai même pas puni les garçons. Par ailleurs, le chapitre que j'aborde avec eux sur les aires urbaines me met en difficulté. Je peine à comprendre les concepts géographiques que je dois leur transmettre.

À 17 h 10, je pars faire des photocopies dans la pièce jouxtant la salle des profs. Léonidas entre comme une tornade. Vu qu'il est prof d'histoire-géo, je lui confie mes difficultés sur les aires urbaines. Il me propose aussitôt de jeter un œil à ses cours, qu'il conserve en ligne. Il se connecte à son compte Google et me donne accès à tous ses cours : « Tu te sers de ce que tu veux ! » Tout est classé par niveaux, thèmes, chapitres, la leçon d'un côté, les activités de l'autre, ainsi que les PDF à imprimer. On y trouve aussi des chronologies interactives, des exercices sous forme de jeux que ses élèves réalisent en classe sur des tablettes numériques. Mes PowerPoint font pâle figure à côté des siens. Léonidas est un bosseur. Il assure vingt-six heures de cours par semaine, sur deux établissements, « obligé » de faire huit heures supplémentaires pour percevoir « un salaire correct ». Le soir, après avoir couché ses deux enfants, il se remet au travail entre 21 h 30 et 23 h 30.

Je passe dans ma classe déposer les photocopies pour le lendemain. Lulu apparaît dans l'encadrure de la porte. « Tu viens boire le thé à la maison ? » me propose-t-elle en enfilant son manteau. J'accepte l'invitation.

Beaucoup de profs de ce collège vivent loin – les loyers sont trop élevés dans la ville. Lulu habite une coquette maison dans la commune voisine. Elle y termine des travaux « depuis des mois ». En entrant chez elle, elle salue chaleureusement l'ouvrier, un de ses anciens élèves. Elle prépare un thé, puis nous nous attablons dans la salle à manger. « L'Éducation nationale te juge sur ta ponctualité et ton assiduité, ton efficacité, ton autorité, et… comment ils appellent ça, déjà ? Ah oui ! Ton rayonnement. Ne me demande pas ce que ça veut dire. » C'est amusant que Lulu peine à se souvenir de ce mot. Parce que le rayonnement – littéralement, la diffusion d'énergie – justement, elle en déborde. La secrétaire du collège, Marie, m'a glissé : « Lulu s'occupe de beaucoup de choses au collège, même du tutorat officieux. »

Le tutorat officieux, c'est précisément ce qu'elle fait en ce moment même avec moi, autour de deux tasses fumantes. Un prof tuteur a pour mission de participer à l'accueil d'un nouveau collègue, de l'aider pendant quelques mois dans sa prise de fonctions, dans la conception de ses cours, la prise en charge de ses classes. Un tuteur pourra aussi proposer au prof qu'il accompagne de venir en observation dans sa classe, ou de lui faire un retour sur ses cours. Faute de rémunération suffisante et de temps, la mission ne semble pas très attrayante, surtout pour former les contractuels à la chaîne. Le rectorat d'Amiens ne m'a d'ailleurs proposé aucun tuteur.

Originaire du Pas-de-Calais, Lulu est arrivée à Paris après une prépa littéraire pour suivre des études d'histoire à la Sorbonne. Elle caressait alors le rêve de devenir comédienne. Elle a passé des castings avant de se raviser, jugeant ce métier « trop incertain et difficile sans réseau ». Elle rêvait aussi d'être prof. En 2002, elle obtient le Capes.

Catapultée dans un établissement d'éducation prioritaire dans le nord de l'Oise juste après son Capes, Lulu prend la ghettoïsation « dans la gueule ». Jusqu'à présent, elle n'avait connu « que la misère sociale et économique des chtis » en tant que monitrice de colonie de vacances à Dunkerque. Dans ce premier collège, la direction lui donne la 3e insertion professionnelle, « douze énergumènes, des durs au cœur tendre ». Elle hérite aussi des classes d'accueil, « celles des blédards, dans le langage des gamins ». Ces classes totalisent 38 nationalités, Lulu place un Kurde à côté d'un Turc, « ça a fini en baston ». Pendant un cours sur la guerre d'Algérie, une élève dont le grand-père était harki se dispute avec un descendant de membres du FLN. Lulu convoque les familles. La conciliation échoue. « J'ai compris que ça allait être compliqué. »

Pendant deux ans, elle se forme « dans l'urgence » en mettant en place des stratégies pour faire apprendre ses élèves. À cette époque, elle estime qu'aucun de ses cours n'est « normal ». Elle se sert de sa passion, le cinéma, pour les nourrir. Avec le recul, elle trouve ça finalement presque plus facile qu'aujourd'hui : « Le niveau des élèves était homogène dans la difficulté. »

Il y a treize ans, elle demande une mutation sur un coup de tête. « J'ai mis tous mes points sur un établissement à six kilomètres de chez moi alors que mes copains demandaient Nouméa », s'étonne-t-elle encore. Elle obtient son poste au Navire. Pendant les six premiers mois, elle « pleure de douleur ». « Ça me paraissait trop riche, trop blanc, j'étais bien en ZEP finalement. »

À l'époque, le Navire pratique encore les classes de niveau. La principale lui fait « un cadeau de bienvenue, la classe poubelle de 3e à 7 de moyenne avec tous les branleurs et les drogués ». La principale suivante dispersera les élèves dans toutes les classes. « Ça a fait du bruit au début, les chefs d'établissement arrivent en se disant qu'ici c'est tranquille, ça ne l'est pas tant que ça. » « Très rebelle » quand elle était plus jeune, longtemps syndiquée au Snes (Syndicat national des enseignants du second degré) – syndicat classé à gauche –, Lulu s'est assagie.

Elle a pour priorité de fuir l'ennui. « C'est l'un des rares métiers où tu es en représentation sans pause, mais il paraît que ça nous maintient jeunes », plaisante-t-elle, sa tasse à la main. Elle a été formatrice pour les profs stagiaires, a passé une certification vidéo, réalise des films historiques avec ses élèves, a créé un club de théâtre et monté un studio radio au Navire. Elle aimerait que ses collègues s'en saisissent, mais « ils pensent que c'est trop chronophage ».

Depuis quelque temps, l'enseignante a le sentiment « d'avoir fait le tour de son métier », d'être « arrivée au bout du bout ». Elle fait un constat simple : « Engueuler un 6e, corriger les copies dans le train, au café, parfois tout un dimanche après-midi, ça me pèse. » D'autant plus que Lulu est vouée à être freinée dans sa progression professionnelle. Dès l'âge de 35 ans, elle a atteint le grade « hors classe », que les profs décrochent en général autour de 50 ans. « Du coup, je stagne, parce qu'il y a des quotas. »

Après vingt ans de carrière, un prof perçoit un salaire net de 2300 euros par mois, auxquels s'ajoutent les primes. Un prof « hors classe » peut atteindre un salaire net de 3000 euros. Lulu peut espérer décrocher « la classe exceptionnelle », le grade ultime, dans quelques années. Enseigner au lycée ? Elle n'est pas convaincue par la dernière réforme. Inspectrice du premier degré ? « Pour leur annoncer qu'on ferme des classes, non merci ! »

Son nouveau défi : passer le concours de chef d'établissement. Elle y réfléchit, sans être certaine de sauter le pas : « J'ai tellement d'amour pour les élèves. »

CHAPITRE 8

PÉTRONILLE

Vendredi. C'est ma journée calme, seulement deux heures de cours le matin. Depuis une semaine, j'ai vécu quelques moments grisants : les 6e ont aimé mon activité sur le Paléolithique et les 5e ont presque bien suivi le cours sur les empires carolingien et byzantin. En vérité, j'ai hâte de passer à autre chose. Ce chapitre me paraît trop compliqué pour mes faibles connaissances, je crains que les élèves et mes collègues perçoivent mon imposture. Rodolphe, Lætitia et Mirko m'ont rendu leurs punitions. L'air ravi, ils m'ont assuré qu'ils avaient appris plein de choses.

Je souffre de ce qu'on pourrait appeler « le syndrome Pétronille », cette impression d'avoir la charge mentale d'une mère de 120 enfants, comme le personnage de livre imaginé par

Claude Ponti. Et comment ressentir autrement l'enchaînement des cours, des photocopies, des évaluations, l'intégration dans l'ENT des devoirs, la vérification des punitions... Et comme projetée dans une boucle temporelle, chaque jour ça recommence. Impossible de se dérober ou de se planquer derrière un ordinateur en attendant que la journée se termine, comme je l'ai parfois fait quand je travaillais en rédaction. Sans doute parce que je débute, ce métier demande une discipline de fer.

Je travaille cinquante heures par semaine. Mes réveils à 6 h 30 sont de plus en plus difficiles. Quand je quitte l'appartement, mon conjoint et ma fille dorment encore. Le soir, je me couche à 22 heures pour être en forme, tenter d'avoir de la repartie et rester patiente face aux 6e qui me demandent s'il faut écrire en rouge ou en bleu, s'il faut découper l'activité alors que j'ai déjà massicoté les bords. Deux tas de copies m'attendent sur mon bureau. D'après mon calcul, j'en aurai pour dix heures... « Les copies, c'est la vengeance des élèves », me dit Charlie en sortant du collège. « Quel est le métier le plus fatigant entre prof et journaliste ? » m'interroge-t-il. Je m'entends lâcher comme un cri du cœur « Prof ! »

CHAPITRE 9

6,5 MINUTES

Je suis prof depuis deux semaines et on vient de me prolonger de deux semaines. Hier, j'ai corrigé des copies toute la soirée. J'en venais à remercier les élèves qui n'avaient rien écrit. J'ai amélioré mes temps de correction : trois heures pour 27 copies, soit six minutes et demie par copie. Je continue à trouver ça interminable.

Je me sens plus à l'aise avec les élèves, je leur adresse à chacun un bonjour chaleureux quand ils entrent en classe, ose même des « ah tu as de nouvelles lunettes », « mince, tu t'es fait mal à la main ». Laura, en 5e, m'a offert une étoile découpée dans du papier rose avec écrit dessus « Mme Benjamin ». Justine, en 6e, m'a demandé de retirer mon masque pour montrer le bas de mon visage. J'ai accepté. « Tu vois, elle est belle, je t'avais dit », a-t-elle affirmé à sa copine. Je commence à connaître le prénom de certains, me moque gentiment quand Julien bouge ses bras comme s'il faisait sa gym, quand Leïla semble être dans ses pensées, quand Mathieu met des bouts de papier dans la capuche de son voisin. Ma porte reste ouverte pendant mes cours, signe que je crains moins le regard des collègues. Et puis, j'enfile à nouveau des jeans.

Ce mercredi midi, je fais le chemin vers la gare en compagnie de Charlie et d'un prof de maths que je n'ai jamais aperçu au Navire. Charlie marche, je chevauche mon vélo, le prof de maths, barbu et cheveux grisonnants, roule doucement sur sa trottinette électrique. « Les collègues pensent que je suis là pour faire le café parce qu'ils ne me voient jamais bosser. En même temps, vous, les profs d'histoire-géo, vous êtes tellement désorganisés dans votre travail, alors que moi j'ai programmé tous mes cours par informatique », taquine le prof de maths.

Prof depuis quinze ans, l'Informaticien a été nommé dans cet établissement il y a trois ans. Il avait mis cette ville en dernier vœu dans sa demande de mutation. Ancien élève du Navire, il trouvait « régressif » d'y devenir prof.

Aujourd'hui, il vit à Amiens et fait 1 h 30 de trajet matin et soir. Cette année, il a « joué la sécurité » en n'acceptant qu'une heure supp' pour ne pas travailler le lundi. L'année dernière, son emploi du temps lui imposait de venir au collège cinq jours par semaine. « Je l'ai mal vécu, avec tout ce temps de trajet… » L'Informaticien complète son salaire avec deux heures d'aide aux devoirs toutes les semaines. « Tu n'as aucune préparation, tu dis aux élèves de se mettre au travail et tu reçois de l'argent, explique-t-il d'une voix monocorde. Une année, je suis parti en voyage à Bali grâce à 118 heures supp' payées 32 euros net. » Ce prof est tellement pince-sans-rire que je suis incapable de déceler si c'est du premier ou du second degré.

Charlie et l'Informaticien, tout les oppose. Le premier connaît les prénoms de ses élèves une semaine après la rentrée. Le second commence à les maîtriser en février, voire en mars. Le premier ne tient pas en place dans sa classe. Le second ne se lève pas de sa chaise quand il enseigne. Le premier a improvisé ses cours pendant des années en les griffonnant sur des feuilles. Le second les a tous programmés informatiquement pour que le cours se déroule de manière automatique. « C'est très long à mettre en place, mais une fois que tu l'as fait, tu es tranquille et tu peux profiter de ton temps libre. Mon pote prof d'EPS m'a dit que je travaillais encore moins que lui, pourtant eux sont pas mal sans copies à corriger, et puis quand tu as amélioré ton cours quatre ou cinq fois, c'est bon ! » Sur son temps libre, l'Informaticien se noie dans le sport, il avale 50 kilomètres de vélo, fait de la musculation, de la course à pied, de la boxe.

L'Informaticien aime son métier. Il aime surtout que ses élèves réfléchissent, cherchent, soient concentrés et toujours occupés : « On fait des maths, pas de l'anglais, on n'a pas vraiment de raison de se parler. Je réponds à leurs questions et je leur raconte des trucs quand même, mais ils sont là pour bosser et j'ai un programme à respecter. » Cette année, l'Informaticien est catastrophé par le niveau de ses 3e. « Le problème c'est aussi que les gamins oublient d'une année sur l'autre, ils ont des mémoires de poisson rouge, je sais que c'est méchant pour les poissons rouges », rebondit Charlie qui concède commencer à s'ennuyer dans son métier, fatigué de « raconter les mêmes choses tous les ans ».

Selon l'Informaticien, l'erreur est de mélanger les élèves de tous niveaux dans une même classe, quoi qu'en disent les études sur le sujet. « C'est de l'idéologie pure basée sur aucune statistique, il faut mettre les bons avec les bons, comme ça tu peux leur faire faire des choses à leur niveau. »

Depuis la création du collège unique en 1975, tous les élèves suivent le même programme au même rythme. Avant cela, selon leur niveau, ils étaient répartis dans deux collèges : le premier débouchait sur le baccalauréat, l'autre sur un enseignement court et plus technique menant à la vie active. Le ministre de l'Éducation de l'époque déclarait que le collège unique était « le lieu où doit se réaliser l'égalité des chances », en orientant les élèves selon leurs résultats et non selon leur milieu. Il s'agissait alors de démocratiser l'école. À chacun de tirer son épingle du jeu. En quelques décennies, cela conduit à une élévation importante du niveau éducatif français[15] : plus de 33 % des Français nés avant 1946 avaient des difficultés à l'écrit, contre seulement 12 % pour ceux nés entre 1982 et 1986.

Mais le collège unique a confronté les profs à un défi : gérer l'hétérogénéité de niveau des élèves. « En France, plus de 20 % des élèves ne maîtrisent pas les savoirs fondamentaux à la fin de l'école primaire », selon le ministère de l'Éducation nationale, qui précise que « ces difficultés pèsent

---

15. Insee, *Enquête Information et vie quotidienne*, 2004 et 2011.

en particulier sur les élèves dont les familles sont elles-mêmes en situation de fragilité sociale, culturelle et économique ».

Une fois à la gare, l'Informaticien nous quitte pour prendre son TER. Charlie et moi montons dans le nôtre. Il me livre son trouble face au grand écart social entre les élèves du Navire. Pendant longtemps, le collège n'accueillait quasiment que des enfants blancs issus de milieux favorisés. Ces dernières années, un nouveau type d'élèves a commencé à affluer : des enfants plus défavorisés, pour certains issus de l'immigration, venant de deux villes voisines. Charlie résume : « Certains vont aux Bahamas pendant les vacances, sont habillés avec un smic sur le dos, ont un bagage culturel et éducatif. D'autres n'ont jamais pris le train pour aller à Paris et ne petit-déjeunent pas avant l'école. »

CHAPITRE 10

LA COURSE À L'ÉCHALOTE

« Madame, 13 sur 15, c'est bien comme note ? » me demande Jules, en 3e.

– C'est quoi la meilleure note ? lance Julien à travers la classe.

– Moi j'ai eu 15 ! crie Cassandra.

– Pourquoi elle a un point de plus que moi alors qu'on a fait la même carte ? m'interpelle Myriam.

Je compare les deux cartes. Elle a raison. Je m'excuse et lui ajoute un point.

Rendre les évaluations – on ne dit plus contrôle – n'est pour moi pas un moment facile. J'ai peur qu'une erreur dans ma notation crée un tollé dans les rangs. Alors je relis quatre fois chaque devoir pour être sûre de n'avoir pas oublié de points. Leur préparation me prend, elle, déjà des heures. Je travaille chaque question pour la rendre la plus claire possible et essaye d'établir un barème cohérent.

Le brevet s'acquiert désormais avec 50 % de contrôle continu. Au Navire, le taux de réussite à ce diplôme atteint 88 %. Au premier rang, Marceau, à qui je viens de rendre un 13 sur 15, s'est mis à sangloter. « C'est ma plus mauvaise note, il va falloir que je me rattrape aux autres contrôles. » Incollable sur l'histoire de la Russie, ce collégien aime lever la main pour préciser des points de cours et poser des questions très précises auxquelles je suis évidemment incapable de répondre. Laura est elle aussi en larmes devant son 9 sur 15. Elle avait mal lu la consigne de l'exercice. « Les résultats sont très importants pour certains élèves, ils ont déjà peur du chômage et leurs parents leur mettent la pression, certains les préparent déjà aux grandes écoles », m'a expliqué Charlie, qui ne voit pas d'un mauvais œil « cette course à l'échalote ».

Je me souviens que, dès le primaire, j'avais moi-même conscience de l'importance des bonnes notes. D'abord parce que l'école avait permis à ma mère d'échapper à sa condition d'immigrée pauvre. Ensuite parce que mon père, bien qu'ayant quitté l'école avant le bac, m'a toujours fait comprendre que je devais m'investir dans les études. J'ai passé toute ma scolarité dans le public, à Paris. D'abord dans l'école primaire la plus privilégiée du 18e arrondissement. Ensuite, dans le chic collège Condorcet du 8e arrondissement – mes parents avaient demandé une dérogation pour m'éviter le collège de proximité qui avait mauvaise réputation. Au collège comme au lycée, je faisais partie du ventre mou de la classe. Je travaillais sans avoir de facilité comme d'autres camarades. Le qualitatif « globalement satisfaisant » résume bien ma scolarité. Alors des larmes pour un 13 sur 15, je peine à comprendre.

Au Navire, la majorité des élèves a un bon niveau général, voire très bon. Des 3e me rendent des rédactions bien écrites, construites et argumentées. Certains dissertent sur les menhirs de Carnac, la grotte Chauvet ou les châteaux de la Loire qu'ils ont visités. En 6e, Jean lit ses romans de chevaliers quand il a fini un exercice avant ses camarades ; en 5e, Malo maîtrise Pythagore, pourtant au programme de la 4e. Zoé et Pauline, en 5e, ont toutes les deux 19,5 de moyenne dans ma discipline. Assises au premier rang devant mon bureau, ces filles me posent beaucoup de questions. « C'était quel roi pendant la Bête du Gévaudan ? D'où vient le mot lapin ? Quand a été construit le fort Boyard ? Qui a détruit le palais de Charlemagne à Aix-la-Chapelle ? Il y a eu combien d'empereurs byzantins en tout ? » Pour éviter d'interrompre le cours et, surtout parce que j'ai souvent besoin d'Internet pour leur répondre, je leur demande de venir me voir à la fin de l'heure. En attendant, Pauline note ses questions dans la paume de sa main et me la montre subrepticement pendant le cours, esquissant un sourire connivent.

Chacune de mes classes compte aussi une poignée d'élèves en difficulté scolaire. À l'écrit, certains 3e ne parviennent pas à enchaîner deux phrases cohérentes. Ils superposent deux ou trois paragraphes confus, un mélange de cours mal digéré, de reformulations à rallonge et d'imagination. Extrait : « La Première Guerre mondiale était une guerre totale. La société civile est sollicitée dans une guerre totale car les civils partent à la guerre. Peu importe que vous étiez boulanger, riche, sale, beau, peintre ou que vous aimiez la couleur bleue. » Gaspard, qui avait envoyé les petits mots confinant au harcèlement sexuel à Malia, a obtenu tout juste la moyenne à sa première évaluation. Quand je lui demande s'il a révisé, il me répond : « Pas trop, c'est compliqué, mes parents sont séparés et se disputent beaucoup, alors parfois je pense à autre chose. »

CHAPITRE 11

LES BOULETTES

Vendredi dernier, Baptiste, 11 ans, a lancé des dizaines de petites boulettes de papier sur le sol de la classe pendant mon cours. Je ne m'en suis rendu compte qu'au départ des élèves. Certains l'ont dénoncé. Nous sommes lundi matin, les élèves encore ensuqués entrent en classe et s'assoient.

– Qui sait à quelle heure commencent les femmes de ménage dans le collège ? dis-je.

– 6 heures du matin, répond un élève.

– Et en quoi consiste leur travail ?

– Elles nettoient les escaliers, ramassent les papiers, poursuit le même élève.

– Est-ce que vous pensez que c'est un travail facile ?

– Non, c'est dur.

À leurs yeux perplexes, je vois qu'ils ne saisissent pas où je veux en venir.

– Quand vous êtes partis de la classe vendredi, il y avait des dizaines de boulettes de papier sur le sol. J'ai pris des photos.

Je regarde Baptiste, au deuxième rang. Je sors mon téléphone et montre l'écran aux élèves. Leurs yeux somnolents s'illuminent.

– On voit rien madame, on voit rien !

– Projetez les photos au tableau, madame !

Baptiste se ratatine sur sa chaise.

– Si ça se reproduit, je convoque vos parents. C'est bien compris ?

Un « oui, madame » collectif vient clore ma prestation.

CHAPITRE 12

LA LISTE

« Ah tiens, il y a BFM qui arrive », me lance Bertrand, un prof de techno, alors que je pousse la porte qui débouche en haut de l'escalier de service. Je ne sais pas ce qui me gêne le plus dans sa remarque goguenarde. Est-ce le fait qu'il me voie comme une journaliste de BFM alors que je viens de la presse écrite ? Ou qu'il me renvoie à mon véritable métier de journaliste ? En tout cas, je ne suis pas à l'aise.

Nous sommes jeudi matin, je travaille au Navire depuis trois semaines, il ne me reste plus qu'une semaine de remplacement.

– Tu sais qui va faire les rendez-vous avec les parents d'élèves d'Aliénor la semaine prochaine ? me demande Marie, la secrétaire de direction.

– Aucune idée, personne ne m'a rien dit.

– Tu as regardé dans ton casier s'il y avait une liste ?
– Ah non.

Je me précipite en salle des profs, ouvre mon casier et récupère deux feuilles noircies de noms d'élèves. Ces rendez-vous se font à la demande des parents. Je parcours la liste des prénoms. L'écrasante majorité des élèves cités sont de bons éléments. Que vais-je bien pouvoir raconter à leurs parents ?

CHAPITRE 13

VOUS AVEZ PAS PEUR D'ÊTRE PROF D'HISTOIRE ?

J'ai reçu par mail une note ministérielle relative à la commémoration de la mort de Samuel Paty, professeur décapité le 16 octobre 2020. Un hommage est prévu le 15 octobre 2021. Le ministère souhaite que « les établissements organisent un temps de recueillement et d'échanges ».

Au Navire, tous les profs observeront une minute de silence dans leur classe après la récréation du matin. Certains, peu coutumiers de l'organisation de débat dans leur cours, ont demandé à être accompagnés par un collègue. Samuel Paty était un prof d'histoire-géo. Ses homologues du Navire semblent les plus impliqués dans cette commémoration, d'autant que le programme veut que ce soit eux qui soient chargés d'aborder la question de la liberté d'expression. Léonidas a cherché des documents pour animer un échange sur la liberté d'expression. Il montrera peut-être une caricature publiée dans *Charlie Hebdo*. Lulu enregistrera une émission de radio avec des 3e. Sans plan précis, Bertrand, le prof de techno, songe à organiser un débat avec la classe de 5e que nous avons en commun. Je n'ai pas cours au moment de la commémoration, je lui propose de me joindre à lui.

Le 7 janvier 2015, vers 11 h 50, je finalisais le montage d'un documentaire quand j'ai reçu un message de mon conjoint, lui aussi journaliste. « Il y a eu des coups de feu à *Charlie Hebdo* ! Des journalistes sont blessés ! » Je n'étais pas une lectrice du journal satirique, des numéros échouaient parfois dans les toilettes chez mes parents. Mais l'effroi est immédiat. Je me branche sur i-Télé sans lâcher mon téléphone. J'échange frénétiquement avec des amies de la profession, entre stupeur, frissons et partage d'informations. Un copain connaissait Charb, d'autres se rendent sur place pour couvrir l'événement. La sentence tombe : il y a douze morts. Pas besoin d'aller sur des théâtres de guerre pour mourir. Le soir même, j'affichais un « Je suis Charlie » sur mon mur Facebook et me rendais à un rassemblement place de la République. Sur la place, une pancarte « Not afraid » (« pas peur ») fabriquée avec des ampoules multicolores brillait dans la nuit.

La rédaction de *Charlie Hebdo* a été visée pour avoir publié les caricatures du prophète Mahomet. Cinq ans plus tard, Samuel Paty a, lui, été assassiné après les avoir projetées en classe. Aujourd'hui, je suis moi-même prof d'histoire-géo, et je dois commémorer sa mort.

La note publiée par le ministère indique que « l'heure n'a pas vocation à être un retour sur la tragédie survenue il y a un an, ni une évocation de Samuel Paty ou de sa mémoire, mais doit porter sur les questions que pose cet assassinat sur le rôle et la place du professeur ». Comment débattre avec nos élèves des questions que pose cet assassinat, sans évoquer cet assassinat et Samuel Paty lui-même ? Comment se limiter à discuter avec eux du rôle du prof ? « L'objectif est de faire prendre conscience de ce qu'est l'esprit critique, l'importance de la démarche scientifique, fondée sur les faits et leur observation », continue la note qui insiste sur l'importance de transmettre l'idée de liberté pédagogique.

Des supports sont mis à disposition : une lettre de Jean Jaurès et une d'Albert Camus, un poème de Louis Aragon, une chanson de

Barbara, un dessin de Plantu, une vidéo avec un hommage de Robert Badinter à la laïcité, ainsi que « différents scénarios possibles » pour cette séance, et « des pistes de réflexion » autour de la figure de prof: « Pourquoi sommes-nous devenus profs ? » « Un prof peut-il tout dire ? » Des vidéos institutionnelles sur la laïcité, la liberté d'expression et les valeurs de la République sont disponibles, ainsi qu'une fiche de 35 pages sur la liberté d'expression.

En lisant la note ministérielle et en parcourant les supports proposés, j'avoue ne pas être certaine de comprendre ce que l'Éducation nationale attend de moi. Je suis tellement prise dans ma spirale du quotidien que je ne prépare rien de particulier. Avec Bertrand, nous improviserons.

Le jour de la commémoration, les élèves entrent en classe calmement. La minute de silence débute. Tous regardent par terre, les mains jointes devant eux. « Vous pouvez vous asseoir », leur intime Bertrand qui entame par une question:

– Est-ce que vous vous souvenez de ce qu'il s'est passé l'année dernière ? Est-ce que certains veulent en parler ?

Silence dans la classe. Les élèves se regardent, hésitent, Baptiste se lance.

– L'année dernière, un prof d'histoire s'est fait tuer parce qu'il a montré des caricatures sur un dieu, du coup il y a une fille qui l'a dit à ses parents et ses parents l'ont dit à quelqu'un qui n'était pas bien mentalement. Ils ont trouvé l'adresse du collège et celui qui n'était pas bien dans sa tête a poignardé et décapité le prof.
– Le père a envoyé une vidéo haineuse sur Facebook, précise Florian, et le journal qui a dessiné les caricatures, c'est *Charlie Hebdo*.
– Il a montré les caricatures du prophète Mahomet, ajoute Laura, et le monsieur qui était pas bien dans sa tête a donné 300 euros à des garçons pour lui dire qui était Samuel Paty, ensuite il est allé le tuer.

Je précise que Samuel Paty avait posé un dilemme à ses élèves : fallait-il montrer les caricatures de Mahomet pour faire vivre la liberté d'expression ou ne pas les montrer, pour éviter la violence de ceux qui y voient un blasphème ? Les élèves restent muets.
– Est-ce que vous avez peur d'être prof d'histoire-géo maintenant ? me demande Baptiste.

Les élèves me fixent, curieux de ma réponse.
– Non. Mais c'est vrai que je m'interroge sur la manière de vous enseigner la liberté d'expression, par exemple.

– Et vous n'avez pas stressé quand vous nous avez enseigné l'islam ? reprend Baptiste.

Nous venons de terminer le chapitre sur la naissance de cette religion. Les élèves avaient plein de questions très concrètes : pourquoi les femmes musulmanes portent-elles le voile ? Pourquoi les musulmans ne peuvent-ils pas manger de porc ? Pourquoi tournent-ils autour de la Kaaba ?

– Non, je n'ai pas stressé. C'est important que vous connaissiez l'histoire de cette religion.

– Ça va être comme ça chaque année ? questionne Baptiste. La commémoration, je veux dire. Je dis pas qu'il ne faut pas rendre hommage à Samuel Paty, mais il ne faut pas non plus être triste trop longtemps, il est mort en faisant son devoir.

– On n'est pas censé risquer sa vie quand on est prof, quand même. Pourquoi on commémore cet assassinat selon toi ? dis-je.

– Pour pas oublier, conclut Baptiste.

CHAPITRE 14

DES PARENTS « AU TAQUET »

Nous sommes mardi, premier jour des rencontres parents-profs. Je déjeune à la cantine avec Sandra, prof de français, et Mathieu, prof de maths. Ce dernier me demande si je suis prête pour « le marathon de ce soir ».

– J'ai peur de ne pas reconnaître les élèves et de ne pas avoir assez de choses à dire…

– Ça arrive souvent. En classe, il n'y en a souvent que quinze qui participent, les autres sont difficiles à reconnaître.

– Certains parents vont te demander de leur trouver des solutions dans la minute pour résoudre les difficultés scolaires de leur gamin, ajoute Sandra. Ce n'est pas avec 4 h 30 de français par semaine que tu les fais progresser. Pour apprendre à lire, il faut lire. Parfois, j'ai juste envie de dire aux parents : retirez-lui la console et la télé pour commencer !

Je remonte dans ma salle corriger des copies. En passant, j'aperçois Lulu, perchée sur une chaise, qui accroche des affiches sur les murs de sa classe. « Ça va ? » je lui glisse. « J'ai failli démissionner hier », souffle-t-elle. Elle me confie avoir rendez-vous avec une mère d'élève qui accuse les profs de racisme. Cette accusation la mine. Elle égrène : un de ses élèves se fait harceler parce qu'il est homosexuel, ses 6e sont ingérables, elle en a assez d'être « une machine à enregistrer des tâches sur Pronote », a l'impression de « donner beaucoup trop ». « Mais qu'est-ce je ferais si je n'étais pas prof ? » me lance-t-elle, perdue.

La semaine dernière, je l'avais déjà retrouvée fulminant à la pause déjeuner, démêlant des fils et des micros au fond de sa classe. Elle remontait son studio radio quelques minutes avant une préparation à l'oral du brevet. Un cours se tenait à côté de la salle radio la rendant inutilisable. Elle s'était emportée : « L'institution est là pour remplir des cases, mais c'est le système D, ils te demandent de travailler des compétences à l'oral sans se demander comment tu y arrives, heureusement que je fais ça pour les élèves. Tu verras, c'est l'envers du décor, on fait beaucoup d'heures et on est corvéable à merci. Dans le privé, au moins tu badges. Et puis, il faut arrêter avec les ministres qui nous parlent de Samuel Paty, d'éducation aux médias et de détection des fake news. Donnez-nous des moyens et du temps pour aborder ces questions ! »

17 heures. Des parents et leurs adolescents errent dans les couloirs étonnamment calmes. J'essaye de masquer mon sentiment d'illégitimité de contractuelle et fais entrer dans ma classe les parents de Maël. Je m'assois à mon bureau, ils s'installent au premier rang. La mère de Maël se lance aussitôt : avec 5,5 de moyenne en 5e, son fils est en plein « décrochage scolaire ». « Quand je lui demande d'apprendre sa leçon d'histoire, il ne le fait pas, désespère-t-elle. Il pense que l'école ne sert à rien. On ne te demande pas d'être le meilleur, mais de rapporter des notes correctes. » Assis à côté d'elle, le petit blond sourit avec gêne. Apprendre ses leçons et travailler en classe, voilà mes maigres conseils.

Arrive ensuite la mère d'une très bonne élève, Fanny. Elle m'explique que pendant les vacances, la famille essaye toujours de coller au programme : « Quand ils ont étudié Rome, on est allé là-bas. On a aussi visité les camps de concentration pour pousser un peu plus sa culture. On est au taquet sur l'évaluation de demain, on connaît par cœur, je peux la faire aussi ? » plaisante-t-elle.

« Trop de bavardages », « pas assez de participation », « tout se passe bien ». J'ai le sentiment de broder. La mère de Clothilde s'engouffre dans la salle. Elle s'inquiète de la dyslexie de sa fille. Elle a essayé de mettre en place un PAP, il a été refusé. « Ça, c'est parce qu'elle est trop bonne élève », commente sa mère. En effet, avec moi, Clothilde n'a que des 18. Il y a quelques jours, la mère m'a écrit sur Pronote pour m'informer que sa fille n'aurait pas le temps de rendre son devoir maison. « Elle a équitation et violon le mercredi donc elle était super stressée, elle a travaillé à la récré, dans le bus, je suis inquiète parce qu'elle ne va pas tenir le rythme », se justifie-t-elle devant moi. J'essaye de la rassurer, ne saisissant pas qui est la plus angoissée, la mère ou la fille.

J'appréhendais de rencontrer les parents, ne sachant pas vraiment ce que j'allais pouvoir leur dire. Bonne nouvelle : la plupart sont venus entendre que leurs enfants travaillent bien, et ont surtout besoin de parler. Et moi, d'écouter. Un mois après mon arrivée, j'apprends que Julie a des problèmes d'audition, que Justine est dyslexique,

que Romain prend des médicaments pour un trouble de l'attention, mais qu'un PAP lui a été refusé.

Pauline et son père entrent dans la classe. Je leur dis que « tout va bien » et plaisante sur le fait que sa fille me pose parfois des colles. « Bon super », se félicite le papa, l'air peu étonné. Sa femme et lui sont enseignants : « On a l'habitude du système, on ne va pas vous embêter longtemps. » La mère de Gabin, en 3e, a, elle, trouvé mon sujet de rédaction « un peu vicieux », ce qui expliquerait, selon elle, le 13,5 de son fils à l'évaluation, plus habitué aux 18. Je sens qu'elle attend que je justifie l'intitulé de ma question et la note de Gabin, me glissant qu'elle est elle-même prof d'histoire-géo au lycée. Ça me met la pression. Pour ma défense, je pointe le fait que les élèves ont eu trois profs pour étudier le chapitre sur la Première Guerre mondiale, Aliénor, Lulu qui les a pris quelques heures faute de remplaçants, puis moi. La maman paraît comprendre.

La plupart des parents que je reçois sont impliqués dans la scolarité de leur enfant, ils corrigent leurs fautes d'orthographe dans les cahiers, révisent les leçons avec eux, exigent qu'ils rapportent de bonnes notes à la maison et surtout leur ont expliqué ce que l'école attendait d'eux.

Ce sont finalement eux les meilleurs alliés des profs.

Je termine la soirée avec Charlotte, accompagnée de sa mère.

– Tout va bien pour Charlotte. Elle a eu 15 sur 15 au devoir maison et 15 sur 20 à l'évaluation d'aujourd'hui.

– 15 sur 20 ? Mais tu savais tout par cœur, s'étonne sa mère. L'année dernière, elle n'avait que des 20. En plus, on avait fait des fiches et on a bossé dimanche jusqu'à 21 h 30.

Je cherche la copie de Charlotte dans le tas posé sur mon bureau. Je finis par la récupérer.

– C'était difficile comme leçon et tu as juste fait un hors-sujet. Il fallait rédiger un texte sur l'Empire carolingien ou sur l'Empire byzantin. Toi, tu l'as fait sur l'Empire arabo-musulman.

– Pourquoi tu as fait ça ? s'exclame sa mère.

– Un élève a posé une question et ça m'a déconcentrée, se défend l'élève, les joues rouges, la voix tremblante.

– Tu n'étais pas assez concentrée et tu n'as pas relu ta consigne. C'est bête et dommage.

Je me sens mal pour Charlotte, j'ai l'impression de me voir à son âge. Je la défends.

– Ce genre de chose, ça arrive, et puis c'est quand même une bonne note.

– Je suis juste un peu déçue. Pas de bavardages, sinon ? La prof de maths a dit qu'elle papotait.
– Non, ça va.
– D'accord. Bon, je me suis un peu emballée, pardon. Parfois, je me dis que je suis trop exigeante. Il faut que je lâche un peu de lest. Je l'ai vécu petite, donc il ne faut pas que je fasse la même chose.

CHAPITRE 15

LA RUSTINE

Je m'introduis dans la salle des profs pendant la récréation du matin en adressant des « bonjours » endormis à mes collègues. L'Informaticien débarque en furie, une tasse de café à la main. « Qui a les 3^{e}1 ? Ils sont totalement apathiques, c'est grave ! » Les 3e de Charlie sont, eux, « tellement mauvais » qu'ils vont avoir une heure d'accompagnement personnalisé supplémentaire. Fred, le prof de SVT, se dit effaré par une de ses 4e. « Hier ils étaient intenables, rien ne fonctionnait, une fille était en pleurs pour des histoires de cœur, ils sont fous dans cette classe ! » Fred corrige des copies. Il se demande si les photos de moulages de pénis qu'il prévoit d'utiliser pour son cours ne risquent pas de choquer les parents. « C'est pour montrer que les pénis sont tous différents », se justifie-t-il. Pour la première fois depuis que Lulu est prof, un élève l'a imitée en classe : « Je lui ai fait des yeux tellement méchants et j'ai crié tellement fort, qu'il a reculé sur sa chaise et que ses cheveux se sont envolés. »

Jeudi 21 octobre. C'est mon dernier jour au Navire. Dans ma tête, je suis déjà un peu partie. J'ai laissé Thomas accrocher cinq stylos dans ses cheveux bouclés et gominés en plein cours. Trois jours plus tôt, je lui avais fait recopier le cours trois fois parce qu'il chahutait en classe. Il m'a rendu sa punition me précisant qu'il l'avait faite en regardant *Squid Game*, une série ultraviolente interdite aux moins de 16 ans. « Du coup, je n'ai pas retenu grand-chose à ce que j'ai recopié. »

Quand je remonte dans ma salle, un mot m'attend sur mon bureau : « Merci pour ce premier trimestre passé en votre compagnie, ça a été un réel plaisir d'assister à vos cours, désormais nous devrons faire sans vous, merci, à bientôt. » Il est signé « Raphaël, cadeau de Jérôme », le tout assorti d'un cœur rouge. Bon, ça doit être une blague. J'ai aussi trouvé un petit avion en papier dans la classe. Dessus, « Nike la prof ».

Ma dernière heure avec les 6e s'apparente à un fiasco. Mes élèves sont insupportables, j'en sors épuisée. Je récupère mes documents sur mon ordinateur avant de déposer les clés d'Aliénor dans son casier. Bertrand fume une cigarette en haut de l'escalier de service. Il m'en offre une, mais elle me donne la nausée. Charlie m'a attendue pour rentrer à Paris. Nous montons dans la voiture de Lulu qui nous dépose non loin de la gare. « Au revoir ma belle, n'hésite pas si tu as besoin. » Elle me serre affectueusement dans ses bras. Je la remercie. « C'est normal, j'aurais aimé faire plus, mais on est pris dans tellement de contingences toute la journée. » Avec Charlie, nous montons dans le train. « N'oublie pas que l'on enseigne ce que l'on est, tu restes toi, mais tu joues à la prof », me rappelle-t-il quand nous nous séparons devant la gare du Nord.

Avant de rentrer chez moi, je m'installe dans un café pour digérer le mois qui vient de s'écouler. Tout est allé si vite. Je ressens une certaine frustration, celle de quitter ce poste au moment où je commençais à me sentir à l'aise avec les élèves et les autres profs. J'ai l'étrange sensation d'avoir été une rustine dans un pneu crevé, un petit bout de caoutchouc utile et périssable. Face aux élèves, j'ai l'impression d'avoir réussi à être pédagogue surtout grâce aux conseils de mes collègues. Cela dit, je peine quand même à avoir du recul sur ma façon d'enseigner, comme si j'avais passé mes journées à courir après le programme. Heureusement que je suis tombée dans un collège « tranquille », comme me l'avait présenté la principale. La suite s'annonce différente.

Il y a quelques jours, la chargée d'affectation du rectorat de Versailles m'a proposé un remplacement de cinq mois dans un collège REP+. « REP+ » signifie réseau d'éducation prioritaire renforcée, ce sont « les quartiers connaissant les plus grandes concentrations de difficultés sociales ayant des incidences fortes sur la réussite scolaire », *dixit* le ministère de l'Éducation nationale.

J'ai accepté. Au téléphone, le professeur que je remplacerai m'a informée que j'aurais cinq classes : trois 6e, une 4e et une 3e. Il a obtenu un congé formation pour préparer l'agrégation. Le rectorat est prévenu depuis un an et demi de cette absence, mais le collège attendait un remplaçant depuis un mois. J'ai aussi contacté la principale, ravie de mon arrivée. « Ça va vous changer du collège où vous étiez, m'a-t-elle prévenue. On est un collège enclavé dans une cité, mais ce sont des gamins très bien, très attachants. Vous verrez ! »

CHAPITRE 16

LE PAQUEBOT

Lundi de la rentrée après les vacances de la Toussaint. La voisine a sonné à mon domicile à 3 heures du matin : une fuite de notre chauffe-eau a inondé sa cuisine. Je ne me suis pas rendormie.

Les yeux cernés, je m'enfonce dans le sous-sol grouillant de la gare du Nord. Bercée par les soubresauts du RER de 6 h 47, je sirote du café dans mon thermos. Une fois de plus, j'ai l'impression de sauter dans l'inconnu. Nouveau collège, nouveaux élèves, nouveaux collègues, tout est à refaire, à la différence que cette fois-ci, cette aventure durera cinq mois.

Après seize minutes de trajet, je franchis le portique d'une gare moderne. « Marlboro, Marlboro ! » Postés à la sortie, des vendeurs à la sauvette me tendent des paquets de cigarettes.

Google Maps me suggère de suivre la départementale, j'écoute l'appli. Des tours flirtent avec de longues barres d'immeubles et des chantiers de futurs logements. Le collège se trouve un peu plus loin.

Le bâtiment ressemble à un paquebot blanc et gris haut de deux étages, lourd et imposant. Je sonne à l'interphone. « Bonjour, je suis la remplaçante du professeur d'histoire-géo. » La gardienne me laisse entrer et me dit d'attendre la principale en salle des profs. Je traverse un long couloir et m'y rends sans attendre.

D'après l'emploi du temps que le rectorat m'a envoyé, le lundi est l'une de mes journées les plus chargées. J'enchaîne six heures de cours : quatre le matin, deux l'après-midi. Je ne connais pas ma salle, je n'ai pas de clé et j'ai vingt-cinq élèves de 6e qui arrivent dans quinze minutes pour deux heures de cours. Je trépigne dans la salle des profs, vide. Une femme débarque, cheveux courts, sac en bandoulière, large sourire et sagesse de chamane dans le regard.

– Tu es la remplaçante de Julien ? me demande-t-elle.

– Oui, Anna, enchantée.

– Je suis prof de français, tu es dans quelle salle ? me demande la Chamane d'une voix rocailleuse.

– A102 je crois.
– Suis-moi, je vais te montrer.

Nous montons au premier étage. Ma nouvelle collègue m'ouvre la salle. La classe me semble si étroite, les tables sont collées les unes aux autres. Elle m'explique : au Paquebot, les profs n'ont pas de salle attitrée. Les murs sont donc dénués de décorations, pas d'ordinateur sur le bureau, juste une souris et un clavier branchés au vidéoprojecteur et au tableau numérique. La Chamane me partage ses codes de connexion pour ouvrir une session sur l'ordinateur, me tend un Velleda enfoui dans son sac et m'invite dans le groupe WhatsApp des profs du Paquebot. Son cours commence dans dix minutes, elle file. « Je fais partie du groupe d'accueil des nouveaux, alors n'hésite surtout pas si tu as besoin de quelque chose », me dit-elle en passant le pas de la porte. Je branche ma clé USB, mon PowerPoint sur les métropoles s'ouvre. Je me calme.

Je cours dans le bureau de la principale, situé à l'opposé de la salle des profs. La petite femme aux cheveux gris m'informe que mon contrat n'est pas encore arrivé. Elle me photocopie la liste de mes élèves. 8 h 15, même musique façon carillon de noël qu'au Navire.

Je descends le grand escalier qui mène à la cour. Celle-ci est encerclée de barres d'immeubles grises à moitié cachées par des arbres. Le nombre de collégiens, six cent vingt, est plus élevé qu'au Navire, mais la cour paraît cinq fois plus petite. Mes élèves sont rangés devant le numéro de leur classe inscrit au sol. Ils me fixent et se parlent au creux de l'oreille. Je scrute ces visages inconnus et à moitié masqués. Avoir l'air confiante. « Les 6e, on y va ! » Ils me suivent.

Je suis saisie d'un mélange d'angoisse de ne pas réussir à nouer le contact avec eux, et d'impatience de les découvrir. Postée en haut des grands escaliers, la principale entremêle ses « bonjours » de « Votre capuche ! » énergiques. Envahis par la masse d'élèves, les couloirs semblent rétrécir. Mes 6e se rangent le long du mur avant d'entrer dans la classe. Je n'ose pas les faire se tenir debout derrière leur chaise avant de les inviter à s'asseoir, ne connaissant pas les habitudes de l'établissement.

– On suit le plan de classe ? me demande un élève qui passe la porte.

– Vous en avez un ?

– Oui, on est dans cette salle avec le prof de maths.

– Allez-y alors !

En faisant l'appel, je me rends compte que les trois quarts des élèves ont des prénoms d'origine étrangère. J'en écorche quelques-uns, mes élèves me reprennent en décomposant chaque syllabe. Ils ont l'air habitués. La plupart d'entre eux sont noirs, arabes, d'Asie de l'Est; les Blancs sont minoritaires. Je prends quelques minutes pour me présenter et rappelle les règles de base: pas de bavardages et ils peuvent poser toutes les questions qu'ils veulent à condition de lever la main. Je dois finir le chapitre de géographie commencé par le prof que je remplace. Il m'a envoyé une partie de ses cours. J'ai passé une bonne partie de mes vacances à travailler dessus.

Nous étudions la ville de Paris et j'aborde la présence de l'Élysée dans la capitale. Question d'un élève: « Pourquoi Macron il donne qu'aux riches? » Pour toute réponse, je hausse les sourcils. « Comment s'appelle notre Premier ministre? » interroge un autre élève. « Quelqu'un sait? » je lance à la cantonade. « Jean Casse la Tête! » Un petit éclat de rire s'échappe sous mon masque. « Presque, Jean Castex », je corrige. Finalement, je les trouve sages, et je me sens plus à l'aise qu'il y a un mois et demi. Je ne vois pas s'écouler ces deux heures avec cette 6e particulièrement avide de connaissances que je baptise la 6e Curieuse.

À la récréation de 10 h 15, la salle des profs grouille d'enseignants. Ça discute en petits groupes autour de l'immense table rectangulaire installée au centre, assis sur des sièges de bureau dépareillés et sur les quelques fauteuils collés le long du mur. Sur les casiers nominatifs, des photos d'enfants, des cartes postales de vacances, des stickers syndicaux, « Changeons le système, pas le climat », « Contre les violences faites aux femmes, on doit agir syndicalement ». Je me prends un café à 40 centimes et m'assois seule dans un coin, espérant que quelqu'un brise ma solitude.

Une femme souriante bondit vers moi. « Salut, je suis la prof principale de ta 3e ! » Elle a les cheveux ébène, la bouche rouge, et dégage beaucoup d'assurance. La Fougue a obtenu le Capes de lettres il y a trois ans. Le Paquebot est son premier poste. Je lui résume mon parcours d'ancienne journaliste qui s'essaye au professorat. « Moi aussi, avant, j'étais journaliste, me confie-t-elle en précisant qu'elle a travaillé à *L'Express*, comme moi. Puis j'ai décidé de devenir prof de français. »

La Fougue entreprend de me briefer sur mes élèves : « Tes 3e sont flippés parce qu'ils n'ont pas eu histoire-géo depuis un mois et ils passent le brevet. Certains sont un peu énergiques. » Elle a aussi mes 4e, la classe foot. Une dizaine d'élèves ont quatre entraînements par semaine, deux avec le collège, deux avec le club de la ville. « Ils peuvent être durs, il faut que tu imposes tes règles et que tu les respectes à la lettre. Si tu leur mets un mot dans le carnet, il faut toujours que tu penses à vérifier qu'il a été signé. Car si tu n'y penses pas, eux se souviendront toujours que tu as oublié. » Son ultime conseil : « Travaille une ou deux compétences par cours, pas plus, sinon ils ne suivent plus, et s'ils ne suivent plus, ils ne comprennent plus, et s'ils ne comprennent plus, ils s'agitent et bavardent. » J'acquiesce sans être sûre d'avoir bien compris comment manier ces compétences.

10 h 30, la sonnerie retentit. La Fougue et moi regagnons la cour de récréation. Une élève, petite de taille, habillée en survêtement, surgit devant nous. Son large sourire laisse apparaître des bagues. Elle s'adresse à la Fougue.

– Madame, vous voyez Imany ? Elle m'a frappée, du coup je l'ai frappée, et maintenant elle est pas contente.

– D'accord Serena, je vous remercie d'être venue m'en parler. Je pense que vous pouvez régler ça toutes les deux.

L'élève repart en sautillant sur ses jambes toniques. La Fougue se tourne vers moi :

– Cette élève-là fait de la boxe, il lui arrive d'être à fleur de peau.

– Tu vouvoies tes élèves ? je m'étonne.

– Je ne suis pas leur pote et j'ai l'impression que si je les tutoie, je vais commencer à parler comme eux.

Pour ma part, le tutoiement est arrivé naturellement. Je me vois mal revenir en arrière.

Pour le déjeuner, la plupart des collègues apportent leur gamelle et mangent en salle des profs. Pas de ticket resto à l'Éducation nationale. Moi, ce midi, je m'installe seule dans la « salle des parents », censée servir aux profs pour recevoir les parents d'élèves. Je dois réviser mon cours de l'après-midi.

Après la pause, je file récupérer ma deuxième classe de 6e à 13 h 55. Rebelote, je rappelle les règles à mes élèves. Cette fois, ceux-ci semblent n'en avoir rien à faire. Ils bavardent, répondent sans lever la main, excepté pour dénoncer un élève qui a prononcé un gros mot, demandent continuellement l'autorisation d'aller aux toilettes. Je menace déjà l'un d'eux d'écrire un mot dans son carnet, joue la colère, tente de dissimuler mon agacement, baisse la voix et finis par m'arrêter de parler. Eux aussi. Une minute de silence s'écoule. Je baptise cette classe la 6e Clash.

Cette heure m'a exténuée. Il me reste les 4e. Un prof aux cheveux mi-longs et aux lunettes rectangulaires noires débarque dans ma salle. Il se présente en deux mots et m'avoue l'une de ses marottes : l'histoire du Parti socialiste. Jaurès est l'un de mes cinq collègues d'histoire-géo. Chaque lundi, il animera un cours d'une heure avec moi. On appelle ça de la co-intervention. Être en duo face aux élèves permet de consacrer plus d'attention à chacun pendant une activité. Mon emploi du temps totalise trois heures hebdomadaires de co-intervention.

J'imite Jaurès en passant de table en table, répétant inlassablement aux élèves d'ouvrir leur manuel et leur cahier. Certains sont avachis sur leur table, d'autres bavardent. La plupart ne commencent pas mon activité sur Voltaire. Ils parlent fort, s'interpellent d'un bout à l'autre de la classe. Jaurès fait une réflexion à Rokia, 1,80 mètre, qui se plaint : « Vous vous en prenez toujours à moi ! » Je me place derrière elle en l'encourageant. Nous n'avons pas le temps de corriger l'activité. De toute manière, la majorité des élèves n'a pas fini l'exercice.

À la fin du cours, je m'inquiète auprès de Jaurès : « Ils sont toujours comme ça ? » Je ne précise pas ce que veut dire « comme ça », je suis d'ailleurs incapable de qualifier ce que je viens de vivre, j'ai juste l'impression de sortir du tambour d'une machine à laver. « Ils étaient plutôt bien aujourd'hui », me répond-il. Je bafouille un « ah d'accord » inquiet. « On n'a pas de gros problèmes de violence ici, précise-t-il. Mais n'hésite pas à aller voir nos trois super CPE en cas de problème. » Avoir trois CPE est un privilège de l'éducation prioritaire. Chacun s'occupe d'un niveau et ils se partagent les 5e. « Si tu as un souci, on ne va pas te juger, ça gueule chez tout le monde, continue Jaurès. Les 5e et 4e peuvent être durs, les 3e moins parce qu'il y a le brevet, ici c'est un examen important. Ce qui est bien, c'est que le collège est dans l'œil du cyclone. On est repéré, donc on a plus de moyens. »

CHAPITRE 17

PROF, PSY, ASSISTANT SOCIAL ET FLIC

Ce mercredi matin, je suis arrivée quarante-cinq minutes avant le début de mon premier cours avec ma classe de 3e. Ce niveau continue de m'angoisser, notamment à cause de la taille des collégiens, frôlant parfois le mètre 80, et du brevet en fin d'année. Un tiers des élèves du Paquebot échoue à l'examen, contre seulement 10 % au niveau national. C'est un enjeu pour eux, donc pour moi. Je n'ai pas cours le mardi, ce jour *off* m'a permis de réviser mon déroulé sur les aires urbaines.

La sonnerie retentit. Je file dans la cour pour récupérer ma classe. Capuches vissées sur la tête, les grandes silhouettes de mes 3e arrivent au compte-gouttes avec nonchalance. La 3e Flemme, ce surnom leur va à merveille. Nous montons. Le prof que je remplace ne faisait pas de plan de classe, donc les élèves s'installent comme ils le souhaitent, en l'occurrence ici, les filles d'un côté, les garçons de l'autre. Vingt-cinq paires d'yeux sont braquées sur moi dans un mutisme glaçant. J'ai l'impression de passer un entretien d'embauche. Je me présente, leur assure que je suis consciente du retard qu'ils ont pris, et comme une prophétie autoréalisatrice, promets d'un ton ferme mais amical que nous allons le rattraper.

Pendant le cours, ils bavardent assez peu, répondent, lèvent la main, semblent intéressés. À la fin des deux heures, j'ai presque fait tout ce que j'avais prévu. Je sors de cette rencontre rassurée.

Fin de mes cours. Il est midi et je croise dans le hall un prof, barbe noire touffue encadrant un large sourire. « C'est toi, Anna ? » Barbe noire enseigne comme moi l'histoire-géo. Tous les vendredis matin, j'aurai une heure de co-intervention avec ses 4e. Il s'étonne gentiment que le rectorat ait nommé une contractuelle, affirmant connaître un TZR, acronyme pour « titulaire sur zone de remplacement », encore disponible dans l'académie. Ces remplaçants, souvent tout juste titulaires du Capes, vadrouillent au gré des besoins des établissements, au mieux pour une année scolaire, au pire pour quelques semaines. Barbe noire me propose d'emblée de me partager ses cours. J'accepte volontiers. Nous nous installons dans la salle des profs. « Spécialiste pour ne pas terminer le programme », il me conseille de « faire ras les pâquerettes » sur la Révolution française. Une année, il y a passé trois mois pour que les élèves comprennent bien. « C'était absurde ! » regrette-t-il.

À 33 ans, il se considère déjà comme « un ancien jeune prof ». Originaire d'une banlieue chic de l'ouest parisien, il a étudié dans un lycée privé catholique. Après avoir été serveur, régisseur d'une troupe de musique, informaticien, il a voulu expérimenter le métier de prof. Il a réussi le Capes et a été nommé titulaire-remplaçant dans une ville aisée, au nord de l'académie : « Le premier jour, des gamins de 3e faisaient les singes sur les tables de la classe. Quand j'ai gueulé, un élève a mis sa tête contre mon torse pour se battre. J'ai fini en pleurs dans le bureau de la principale. Elle m'a dit que c'était ma faute, alors que je débutais ! En réalité, tous les profs rentraient le soir en pleurant. » Il a envisagé de retourner travailler dans l'informatique, avant d'être affecté au Paquebot.

« Enseigner dans ce collège, c'est presque militant, on sait pourquoi on est là, à quoi on sert, dit-il, et l'ambiance entre profs est mortelle ! Ici, le maître-mot, c'est la bienveillance. » Quand je lui demande à quoi ressemble son métier dans cet établissement, il déroule : « On te demande d'être prof, psychologue, assistant social et flic, d'analyser les situations le plus rapidement possible, d'y apporter les réponses les plus adaptées et de déceler quand un élève est en difficulté. Inutile de mettre quatre heures de colle à un gamin qui n'a pas ses affaires, c'est qu'il y a un autre souci. Si tu as des noms qui te restent en tête, tu viens nous en parler et tu comprendras que ça ne sert à rien de l'engueuler tout de suite. Donc ici, on n'est pas en mode “tu n'as pas tes crayons de couleur, je te mets un mot dans ton carnet”, mais plutôt “j'en ai pour toi, mon chéri”. Comme ça, il y a une chance pour que l'élève se dise “si je ne me fais pas engueuler parce que je n'ai pas mes crayons de couleur, je vais peut-être la faire, sa carte”. » Résultat, Barbe noire trimbale dans son sac l'équivalent de quatre trousses et un pot de crayons de couleur est toujours posé sur son bureau.

Barbe noire m'avoue avoir travaillé « comme un dingue » pendant cinq ans, la nuit de préférence, stressé à l'idée de ne pas savoir ce qu'il allait dire « à la virgule près » en classe. C'est la première année où il se détend un peu. Prof reste le métier le plus dur qu'il ait fait. L'année dernière, il s'occupait de l'atelier potager, était prof principal d'une 3e, élu au conseil d'administration du collège. Cette année, il a décidé d'« en faire moins ». Il s'est retiré du conseil d'administration et a acheté un terrain à la campagne où il se réfugie le week-end pour couper du bois. « Je te conseille de ne participer à rien, sinon tu te fais bouffer. On s'occupe beaucoup des gamins, ça ne s'arrête jamais, on a des groupes WhatsApp de profs, des sous-groupes de classes… Si tu as envie d'y investir toute ta vie, tu as de quoi faire. Si tu veux te mettre en retrait, c'est plus difficile, tu affrontes le regard de ceux qui sont investis. Je me suis beaucoup investi, il faut que je me désinvestisse un peu », répète-t-il comme pour se convaincre.

Ce jour-là, après deux heures de discussion, je repars du Paquebot avec de nouveaux cours et trois nouveaux métiers.

CHAPITRE 18

L'ALIGNEMENT DES PLANÈTES

« Madame, vous êtes frère et sœur avec Jaurès ? » braille Riley en entrant dans la classe. « Qu'est-ce que tu racontes ? » je m'exclame. « Vous vous ressemblez trop ! » Je regarde mon collègue, qui s'apprête à effectuer une heure de co-intervention avec moi. Effectivement, avec nos cheveux châtains mi-longs et nos lunettes, le masque dissimulant la moitié de nos visages, il y a quelque chose. Je ris intérieurement et m'entends dire d'un ton inflexible : « Assieds-toi s'il te plaît ! »

Avec ma 4e Ardente, comme je l'appelle désormais, les contacts sont rapides et intenses. Cette dernière heure du lundi après-midi est un moment difficile. Nous sommes là depuis 8 h 15. Je suis fatiguée de parler, les élèves, fatigués d'écouter. Et la présence de Jaurès rend cette heure à la fois plus agréable mais aussi plus stressante. Que pense-t-il de mes cours ?

Après vingt minutes à avoir le sentiment de parler dans le vide, j'explique à la classe le principe de la séparation des pouvoirs exécutif, législatif et judiciaire. J'improvise en prenant l'exemple de la limitation de vitesse à 80 km/h sur les routes pour leur exposer le cheminement du vote d'une loi. Je scrute leurs visages, me demande s'ils me comprennent. Pour la première fois, ils écoutent avec attention, me relancent en levant la main. « Ma mère, elle a pas le droit de vote de toute manière », remarque Riley. Le reste du cours se passe comme hors du temps.

En février 2017, j'avais passé une journée dans le collège Jean-Rostand, situé près d'Orléans, pour un reportage[16]. Dans cet établissement, un prof de maths m'avait dit que la solution aux problèmes mathématiques qu'il posait ne l'intéressait pas. Il cherchait simplement quelque chose « qui fasse sens » pour ses élèves. Tout à coup, pendant ce cours, j'ai saisi ce qui, lors de ce reportage, m'avait échappé.

---

16. « Comment Jean-Rostand est devenu le meilleur collège REP+ de France », *L'Express*, 11 février 2017.

En sortant de la classe, Jaurès m'explique : « Tu viens de vivre ce que j'appelle un alignement des planètes », un phénomène rare qui débouche sur un cours dans lequel tout semble s'emboîter parfaitement.

CHAPITRE 19

LES DEUX PROFS BRETONS

Au détour d'une conversation, la Chamane m'avait prévenue : pour s'intégrer dans une équipe de profs, « il faut avoir les codes, travailler son image et ses relations ». J'ai repéré qu'au Paquebot, le lieu où tu déjeunes indique le groupe auquel tu appartiens. Il y a les profs que tu ne vois jamais manger – la team Électrons libres. Puis la team Salle des profs, formée des profs fraîchement arrivés et de quelques électrons libres ; la team Salle des parents, majoritairement composée de femmes. Et enfin, la team Cantine, en grande partie composée de profs hommes et des CPE.

Ce midi, pour la première fois depuis que j'ai intégré le Paquebot, je mange à la cantine. Un collègue d'histoire-géo m'a proposé de l'accompagner. Nous nous installons à l'une des deux grandes tables réservées aux profs. Une palissade en bois fait office de paravent entre la zone des élèves et celle des profs. Barbiche et cheveux bruns, ce collègue a fait des études d'archéologie. « Malheureusement, les fouilles sont des usines à chômeurs. » L'Archéologue a travaillé dans un musée pendant trois ans, payé au smic. Il s'est retrouvé en découvert bancaire, est retourné vivre chez ses parents avant de passer le Capes : « C'était miraculeux d'avoir le concours. Je suis sorti de la merde financièrement, et il y a pire comme conditions de travail. De toute manière, je n'ai pas le droit de me plaindre, ma mère a assemblé des tripes de porcs dans une usine d'andouillettes pendant quarante-deux ans, et mon père est employé municipal, il s'occupe de tous les petits travaux dans le village où ils habitent. »

L'Archéologue enseigne au Paquebot depuis trois ans. D'un ton sarcastique, il décrit cette période comme son « service militaire ». La première année, il arrivait très tôt le matin au collège. « Ce n'était pas une vie, je bossais tout le temps. » Il a arrêté, mais trouve encore le temps de fabriquer des parchemins à ses élèves en trempant des feuilles blanches dans du thé et en les brûlant dans l'évier de sa cuisine. Un prof de sport en survêtement s'assoit à côté de nous. Il a un visage angélique et un sourire empli de gentillesse. Chérubin n'a que 23 ans.

L'Archéologue et Chérubin ont un point commun : ils ont quitté le même coin de Bretagne pour venir enseigner ici. Les deux hommes se retrouvent parfois pendant les vacances pour marcher sur les sentiers de douanier qui bordent la côte. Chérubin vit à Paris avec sa copine, l'Archéologue, seul dans la banlieue voisine. Dans l'Éducation nationale, le système de nomination dépend de l'ancienneté et des besoins des académies. 42,5 % des profs titulaires nouvellement affectés sont nommés en premier poste dans les académies de Créteil et Versailles, 40 % dans des établissements difficiles. Le Paquebot ne déroge pas à ces statistiques. Sur la cinquantaine de profs qui y travaillent, la moyenne d'âge tourne autour de 30 ans. Pour la plupart, il s'agit de leur premier poste, et nombre d'entre eux sont des déracinés venus de province.

– En Bretagne, les élèves étaient nuls en sport. Ici, les garçons sont très bons car ils traînent après les cours pour jouer au foot. Même les filles sont douées ! s'enthousiasme Chérubin.

– Toi aussi tu es venu ici faire ton service militaire ? je taquine Chérubin.

– Alors moi, j'appelle ça mon ouverture culturelle, répond-il. D'ailleurs, vous savez, j'ai rencontré un Sri-Lankais qui m'a dit que, dans son pays, les profs sont vus comme des demi-dieux car ils te permettent de t'élever dans la société.
– Je vais demander ma mutation au Sri Lanka, assène l'Archéologue. Cela dit, au début, quand je collais les élèves ici, je m'attendais à ce qu'ils m'insultent quand on se croisait dans la rue. En fait, ils te saluent, « Bonjour monsieur, vous allez bien ? » Il est peut-être là, le pouvoir de l'école !
– Oui et puis au Sri Lanka, niveau condition des femmes, ce n'est pas drôle. Une élève d'origine sri-lankaise s'est inscrite à l'option foot, mais sa mère ne veut pas qu'elle y aille parce que ses frères ont dit que le foot était trop dangereux pour les femmes. J'ai mis des mots dans le carnet pour insister, la mère n'a jamais répondu.

Le CPE des 6e, un homme grand et baraqué, se joint à nous. C'est le président de l'Amicale du collège, association qui accueille les nouveaux profs, organise évènements et soirées entre enseignants. Originaire du Var, le Président a fait des études de géographie, puis de tourisme. Après quelques mois à faire la plonge en Angleterre, il prend « un petit boulot » de surveillant et découvre le métier de CPE. Il n'était pas ravi d'être nommé en région parisienne, mais content d'atterrir en REP+ et au Paquebot. « Dans cet établissement, les gamins ne sont pas des excités. Ce sont les plus âgés sortis du système scolaire qui ont affaire à la police, explique le Président. Les collégiens les regardent comme des héros parce qu'ils les voient gagner de l'argent. Comment tu gagnes de l'argent facilement ici ? Avec le deal. Et c'est quoi l'intérêt de travailler à l'école si tu as un peu de bagou et que tu as compris comment le business marche ? Certains élèves baignent là-dedans. Résultat, ils grandissent en pensant que les flics sont des connards et les flics pensent qu'ici il n'y a que du deal et des gamins qui les prennent pour des cons. »

– D'ailleurs, Anna, tu sais que tu travailles dans un quartier de reconquête républicaine, m'interpelle Chérubin.

Le quartier du Paquebot est l'un des soixante quartiers de reconquête républicaine en France. Le dispositif, lancé en avril 2018, prévoit le renfort de quinze à trente agents, composés de jeunes policiers sortis d'école et de fonctionnaires expérimentés. Objectifs affichés par l'État : lutter contre le trafic de drogue et renforcer les contacts avec la population. Quand il rentre en Bretagne, Chérubin raconte « les histoires folkloriques » qui lui arrivent en combattant « les clichés sur les cités » : « Ça ferait du bien à tout le monde de faire un stage ici, parce que la Bretagne, c'est un autre monde. »

La première fois que le prof de sport a pris le RER pour venir au collège, il a remarqué qu'il était le seul Blanc aux cheveux blonds, il avait l'impression que tout le monde le regardait. « J'étais terrorisé. Quand on ne connaît pas, on croit que c'est la guerre », avoue-t-il. Au bout d'une semaine, il se rend compte que les élèves sont « hyper sympas ». « Je les aime trop, concède-t-il, d'ailleurs je ne me trouve pas assez sévère. » De mon côté, j'en trouve certains sympas, mais je ne peux pas dire que je les aime. Peut-être que ça viendra ?

CHAPITRE 20

« VOUS N'ALLEZ JAMAIS LA FERMER ? »

Mes classes comptent 25 ou 26 élèves, soit deux ou trois de moins qu'au Navire. Dans ma 6e Clash, ils ne sont que 21, ressenti 35. Avec eux, la gestion de classe devient un art de la guerre. Comment écrire au tableau tout en les surveillant ? Comment répondre aux questions ou distribuer des documents sans perdre l'attention du groupe ? Comment réussir à leur faire commencer une activité dans le calme ? Je n'ai aucun répit. Ce lundi après-midi, je m'imagine pour la première fois sortir de la salle. Je suis excédée. Je m'énerve, crie, lutte. Eux résistent.

Je passe demander de l'aide au Président. Son bureau, situé dans le hall du Paquebot, est central. Au mur, l'affiche de *La Vie scolaire*. Dans ce film, une jeune femme inexpérimentée débute comme CPE dans un collège de zone d'éducation prioritaire. Elle y rencontre le manque de discipline et la réalité sociale des élèves, mais aussi leur humour. « Ça colle assez bien à la réalité, on vient vraiment toquer à ma porte toutes les cinq minutes », *dixit* le Président. Son conseil : « Envoie un mail à leur prof principale, elle en remettra une couche, et demande-leur de poser leur carnet sur la table, tu les ramasses, tu poses la pile sur ton bureau et à chaque fois qu'un élève parle, tu changes son carnet de pile. Normalement, ça fonctionne. Par contre, les 3e s'en foutent. »

J'applique son conseil le vendredi matin suivant. Je parviens à avoir la paix pendant deux heures, mais j'apprends qu'il ne faut jamais crier victoire trop vite. Le cours suivant est une catastrophe. Les bavardages fusent de partout à la moindre occasion. Je déplace Awa au fond de la classe, isole Walid, ce qui me permet de comprendre qu'il parle tout seul. Je ne sais plus qui punir. Je mets Bacary dans le couloir pour essayer de finir mon cours sur les métropoles. Je m'interromps toutes les cinq minutes pour reprendre un élève. Awa se moque de Nilson, lequel se met à sangloter. Ils m'épuisent, parlent sans cesse, je suis à bout de nerfs, et soudain, j'explose: « Vous n'allez jamais la fermer?! » Ils s'arrêtent net. Bouffée de chaleur. Qu'est-ce que je viens de dire? Je crains qu'ils me reprochent de leur avoir parlé de cette façon, ou pire, qu'ils relatent mon emportement. Je m'empresse de poursuivre mon cours. Personne ne moufte.

Après cette heure intense, je croise l'Archéologue à la photocopieuse. Je lui fais part de mon impression d'avoir dépassé les bornes. « Parfois, le collège te fait sortir de tes gonds », me rassure-t-il. L'année de ma nomination au Paquebot, j'ai pété des câbles en essayant de gérer des élèves horribles dans une classe de 4e. C'était toute une classe contre le prof. » Il me raconte aussi que l'année dernière, après une altercation avec un 3e, il s'est mis en arrêt maladie pendant deux semaines. « J'avais envie de taper le gamin alors que je n'ai jamais pensé pouvoir frapper un gosse. » Il estime que certains collègues ne l'ont pas soutenu à ce moment-là: « Certains évitent d'être dans le conflit avec leurs élèves et trouvent que quand on crie, on n'est pas bienveillant. Après, je me suis rendu compte que je parlais mal aux élèves qui se comportaient mal. Je pouvais leur dire "ferme-la, tu me saoules, dégage". Une fois chez moi, je culpabilisais. Toi tu es large avec "vous allez jamais la fermer". » Depuis cette histoire d'arrêt maladie, l'Archéologue ne hausse plus le ton et passe par l'humour. « Ici, crier ne marche pas, ça fait monter la sauce. Tu sais, je leur donne des noms pas très jolis, mais au fond je les aime, ces gamins », admet-il tout en massicotant ses activités.

Nous entrons dans la salle des profs et je repère une prof brune qui fixe la table, les yeux embués. L'Archéologue s'adresse à elle : « Ouh là, ça n'a pas l'air d'aller ! » D'une voix fluette, elle se lâche. « Je n'en peux plus de ma 6e, ils m'ont fait vivre un enfer pendant deux heures. » Sa 6e, c'est ma « 6e Clash ». Fluette déverse son épuisement, comme un torrent : « Je n'ai pas compris ce qui m'arrivait, mon cours ne ressemblait à rien, les élèves étaient infects, j'ai mis cinq mots dans leurs carnets, comme si je n'étais là que pour faire la police. Pour la première fois, j'ai frappé sur mon bureau à m'en faire mal aux mains. J'ai entendu Mehmet dire "la prof est folle". Ce qui m'énerve, c'est que les élèves qui veulent suivre sont victimes. Ah oui, et j'ai pris à part un élève en pleurs qui m'a dit qu'il voulait se suicider. » En écoutant mes deux collègues, je comprends que je ne suis pas la seule à être dépassée.

Fluette a toujours voulu enseigner. Elle a 24 ans, le Capes en poche, et est TZR, soit titulaire remplaçante. Elle a été nommée au Paquebot quatre mois pour remplacer un congé maternité. Elle a fait son stage dans « un collège de campagne », dans le nord de la France. « C'était calme, pas de bousculades dans les couloirs, tu cries une fois et tu obtiens le silence complet », se souvient-elle. Elle y serait bien restée. Mais comme 40 % des néo-titulaires qui demandent à rester dans l'académie où ils ont fait leur stage, son désir n'a pas été exaucé[17].

Fluette habite toujours avec son conjoint dans le Nord, à plus de 150 km du collège, ce qui l'oblige à faire quatre heures de trajet par jour. Ses voyages en train lui coûtent 700 euros par mois, mais louer un logement seule à Paris lui coûterait plus cher. Et puis rentrer chez elle lui permet de couper avec le collège. De toute façon, elle ne sait pas dans quelle ville elle sera nommée le mois prochain. Elle compte les jours avant la fin de son remplacement : « Ce n'est pas comme ça que je vois ma vie, je suis contente de rencontrer des élèves et des collègues, mais je n'arrive

---

17. Bilan social du ministère de l'Éducation nationale, de la jeunesse et des sports, 2020-2021.

pas à profiter et à m'attacher parce que je sais que je vais repartir. » Elle soulève une de ses mèches : « Tous ces cheveux blancs, ils sont apparus depuis que je suis prof… »

CHAPITRE 21

SACRIFIER DES ÉLÈVES

En co-intervention avec Jaurès, la moitié des élèves de ma 4e Ardente bavarde. J'ai l'impression d'être invisible. Moussa me tourne le dos et discute tranquillement avec un camarade assis derrière lui.

– Ça va Moussa, je te dérange pas trop ?

– Pourquoi c'est toujours moi ? s'insurge-t-il.

Parce que je n'ai pas retenu le prénom de son voisin assis derrière, mais ça, je ne peux pas le lui dire. Dix minutes plus tard, je craque.

– Je vous propose de passer un contrat, ceux qui ne veulent pas travailler, vous pouvez lire votre manuel, mais vous vous taisez pour laisser travailler ceux qui en ont envie.

– On peut vraiment arrêter de travailler ? demande Riley.

– Oui, mais dans le silence.

Je leur donne une liberté dont ils ne savent pas quoi faire. Ils acceptent finalement d'écouter mes explications sur l'inégalité face à l'impôt des trois ordres, le tiers-état, la noblesse et le clergé, sous l'Ancien Régime.

Ce soir-là, assise dans le RER qui nous ramène à Paris, je demande à Jaurès si les élèves ont compris ce que je leur racontais. « Oui, à la fin du cours, ils ont dit "ça se fait pas pour le tiers-état", c'est qu'ils ont saisi l'idée principale ! » Originaire d'une ville populaire des Yvelines et arrivé au Paquebot il y a trois ans, Jaurès pensait rester peu de temps dans ce premier poste, mais il s'y plaît, pas mécontent de gagner la prime REP+ : « J'ai l'impression que mon travail est plus dur que dans un autre collège, mais qu'au moins, il est reconnu. » Depuis 2015, les profs en éducation prioritaire touchent une prime qui a augmenté au fil des ans pour atteindre 114 euros brut par mois en REP et 426 euros en REP+. Le but est de motiver les équipes et de les inciter à rester dans les établissements difficiles.

En 1981, l'école affiche son ambition de lutter contre les inégalités sociales en donnant plus – moyens financiers supplémentaires, équipe pédagogique étoffée, moins d'élèves par classe, dédoublement de classe – à ceux qui en ont le plus besoin. À l'époque, 400 zones d'éducation prioritaire (ZEP) sont créées. En 2022, 1,9 milliard d'euros ont été alloués aux 1 092 réseaux qui composent aujourd'hui la carte de l'éducation prioritaire: 730 collèges et 4 174 écoles en REP, 362 collèges et 2 462 écoles en REP+.

Jaurès tente de me rassurer sur la gestion ardue de la 4e Ardente et sur mon absence de formation. Après son Capes, lui a suivi la formation obligatoire à l'Inspé. « Ça ne m'a pas franchement aidé. Des profs agrégés qui travaillaient à Neuilly nous expliquaient la différence entre évaluation sommative et évaluation normative. » Je me garde de lui dire que j'ignore de quoi il s'agit. Il poursuit: « Tu as des cours sur la sociologie de Bourdieu et on te bazarde neuf heures par semaine devant 35 loulous avec tes cours foireux d'université sur la Révolution française. Autant te dire que ça ne t'aide pas beaucoup pour apprendre à gérer tes classes. Pourtant, pas besoin d'avoir enseigné vingt ans pour comprendre que la gestion de classe est notre première préoccupation quand on débute, c'est ce qui nous empêche de dormir la veille d'un cours, c'est ce qui fait que l'on rentre l'estomac noué, qu'on a les mains moites. »

Plus le temps passe, moins Jaurès fait de cours magistraux. « Aujourd'hui, aux yeux de l'Éducation nationale, l'important n'est pas ce dont parle le prof, mais ce que font les élèves : apprendre à lire une carte, analyser un texte… Je ne sais pas s'ils apprennent mieux en faisant des activités, mais c'est aussi une stratégie un peu égoïste, continue Jaurès. Être seul face à 25 élèves qui ne veulent pas m'écouter peut devenir une souffrance. Quand tu leur donnes vingt minutes pour faire une activité, ils la font, ils ne la font pas, ce n'est plus ton problème. Et c'est horrible à admettre, mais face à certains élèves, on est impuissant. Pour ceux-là, l'objectif est seulement d'éviter qu'ils te bordélisent. » L'air désolé, Jaurès confesse : « Avec 25 élèves, si tu veux que la classe avance, il faut parfois que tu en sacrifies certains. Ça, ils ne vont pas te le dire, à l'Inspé. »

CHAPITRE 22

MON PÈRE ME FRAPPE

Vendredi 8 h 15, je commence un cours « d'enseignement moral et civique » sur le thème « Qu'est-ce qu'être collégien », avec ma 6e Clash. Je me suis inspirée du cours de Pauline, mon amie prof d'histoire-géo. Je leur explique qu'en France, les enfants ont l'obligation d'aller à l'école jusqu'à 16 ans, que certains iront au lycée puis à l'université. Avalanche de questions : combien d'années d'études pour devenir médecin, chirurgien, ophtalmologiste, avocate, vétérinaire, pompier ou policière ? Je leur explique ensuite que la convention de l'ONU a été rédigée pour s'assurer qu'ils aillent à l'école plutôt que de travailler. Je projette la photo d'un enfant qui bêche dans un champ.

– C'est ce que je faisais au Sénégal après l'école, lance Bacary.

– Moi aussi, ajoute Abdou, ce n'était pas facile parce qu'après on était très fatigués et quand on n'avait pas fait nos devoirs, les profs nous frappaient !
– Au Maroc, les profs nous frappaient aussi, s'engouffre Anissa, vous aussi vous pouvez nous frapper ?
– Alors non, c'est interdit par la loi, comme on est sympa, on vous prend juste votre carnet, j'essaie de détendre l'atmosphère.

Ma plaisanterie ne semble pas les amuser. Au premier rang, Touré lève la main. « Moi, c'est mon père qui me frappe. » Je prononce un stupide « Ah bon ? » Il me regarde droit dans les yeux : « Oui, c'est vrai, mon père me frappe. » Tous les élèves attendent ma réaction. Dois-je faire comme si je n'avais pas entendu ? Impossible. Dois-je le questionner devant tout le monde ? Non plus. J'espère qu'un élève va mettre fin au lourd silence qui a envahi la classe. Abdou s'en charge : « Nos parents non plus n'ont pas le droit de nous frapper ? » Je réponds que non, avant de clore le débat, mal à l'aise à l'idée d'entrer dans leurs histoires privées.

À la pause déjeuner, je croise le Président et lui explique ce que Touré a livré en classe.

Il m'emmène aussitôt dans le bureau de l'infirmière, à qui je relate l'échange. Elle me demande de revenir avec lui. Je me fige. Comment suis-je censée présenter ça à l'élève ? « Tu lui dis que tu as entendu ce qu'il t'a dit, et que ça t'a perturbée, donc que tu aimerais en reparler. » Les choses tournent à toute vitesse dans ma tête : jusqu'où peut aller cette histoire ? L'infirmière doit percevoir ma confusion, elle reprend : « Ce n'est pas à toi de juger si c'est vrai ou pas, et la parole d'un enfant n'est pas à remettre en cause. C'est bien d'en parler, car ce n'est pas ton boulot de garder ça. À partir du moment où ça te trotte dans la tête, il ne faut pas hésiter. Les enfants qui viennent nous voir régulièrement avec un mal de ventre, c'est qu'il y a des choses qui se cachent derrière. Il faut créer de la confiance pour qu'ils parlent, puis essayer de comprendre avec l'assistante sociale, mais le cours n'est pas le lieu pour ça. » Je vais devoir trouver un moment pour parler à Touré en toute discrétion.

CHAPITRE 23

AMAZONE

Il y a quelques jours, tout l'équipage du Paquebot a reçu un mail proposant aux profs volontaires de faire une intervention dans leurs cours à l'occasion de la journée internationale contre les violences faites aux femmes, le 25 novembre. Le mail émanait de la seule femme de l'équipe permanente d'histoire-géo.

Amazone a les cheveux châtains coupés au carré et des anneaux dorés aux oreilles. Elle est la référente égalité du Paquebot avec Mme Sankara, la CPE des 4e. Leur rôle consiste, selon les recommandations ministérielles, à diffuser une culture de l'égalité entre les filles et les garçons au sein du collège : sensibilisation des élèves, diffusion d'informations et formation des équipes éducatives, actions avec des associations. Chaque établissement a l'obligation d'avoir un référent égalité depuis 2018.

La première fois que j'ai discuté avec Amazone, elle préparait une nouvelle frise chronologique, fatiguée d'avoir « la frise d'un prof de la IIIe République avec la date du traité de Verdun » sur un mur de classe. Elle avait déniché une autre référence, Eugène-Eugénie, moine de la fin de l'Antiquité qui s'est fait passer pour un homme afin d'entrer au monastère. « On s'est réveillé il y a vingt ans en découvrant que des gens voulaient changer de genre alors que ça existait déjà pendant l'Antiquité et qu'il y avait des transsexuelles au Moyen Âge. Des historiens travaillent par exemple sur la question de l'identité de genre de Jeanne d'Arc qui s'habillait souvent en homme », m'a-t-elle expliqué.

Il y a six ans, Amazone tente le Capes et a un « coup de foudre » pour le métier de prof: « C'est rare de pouvoir rire autant dans son travail, et puis les élèves ont la fraîcheur de la jeunesse. C'est fatigant, hyper prenant, ça peut être lourd, mais tu ne t'embêtes jamais. Je pense quand même que je m'ennuierais dans un collège de centre-ville. Dans les beaux quartiers, il y a aussi plein de gosses qui sont livrés à eux-mêmes avec des parents qui rentrent tard ou qui ne vont pas bien. La différence, c'est que les parents ont les moyens de leur payer des baby-sitters, des psys et des cours particuliers. »

Amazone estime que l'école ne sert pas seulement à « éduquer, former une élite ou préparer au monde professionnel », mais vise « l'émancipation » de ses élèves, en gardant à l'esprit que s'ils ne veulent pas, « c'est leur choix ». « Je ne veux pas en faire des marxistes en leur expliquant qu'il faut absolument se libérer de l'oppression. » Avec Duras, prof de français, elles ont créé une classe coopérative inspirée de la méthode Freinet. Les élèves y sont poussés à l'autonomie et à l'entraide. Chacun avance à son rythme, les règles de vie de classe sont réfléchies collectivement.

Autre projet initié il y a cinq ans par Amazone avec Mme Sankara et Duras, un club pour l'éducation à l'égalité filles-garçons qu'elles ont baptisé « D'Olympe à Rihanna ». Une vingtaine d'élèves, essentiellement des filles, se retrouvent tous les vendredis, entre 17 heures et 18 heures, au CDI. Elles débattent, font des recherches sur Internet, écoutent des podcasts. « On déconstruit et on construit », résume Amazone.

À sa création, le club a été raillé par une partie de l'équipe pédagogique. « Des profs mecs, qui sont partis depuis, ont créé un groupe WhatsApp en y ajoutant uniquement les collègues hommes, m'a raconté Duras. Ils l'avaient baptisé "De Weinstein à DSK". Un pote nous a dit qu'ils ne s'échangeaient pas des trucs fous et que ça n'avait pas duré longtemps, mais quand même. À cette époque, quand un collègue écrivait sur le tableau de la salle des profs "les mecs, rendez-vous pour le foot", nous on ajoutait "et les meufs aussi" et eux écrivaient "ouais pour faire les pom-pom girls". »

Depuis, Amazone a réécrit le règlement intérieur au masculin et au féminin et a remplacé « père » et « mère » par « parent 1 » et « parent 2 » dans le carnet de correspondance, « des détails problématiques au quotidien ». Elle aimerait installer des distributeurs de serviettes hygiéniques dans les toilettes « pour les élèves qui n'osent pas venir au collège quand elles ont leurs règles » et met un point d'honneur à sensibiliser ses élèves à la place des femmes dans l'histoire : « Les filles représentent la moitié des classes, on ne peut pas leur laisser croire qu'elles n'ont pas existé. »

Étant sensible à la thématique des violences faites aux femmes, je réponds à Amazone être partante pour une intervention auprès de ma

4e Ardente. Je n'ai pas remarqué de sexisme entre les élèves – il faut dire que filles et garçons se tiennent cordialement à distance, en tout cas en 4e et en 3e. Au Paquebot, pas de tendresse affichée publiquement entre les deux sexes. On se cherche à coups d'épaule ou de tapes derrière la tête.

CHAPITRE 24

« VOTRE PUTAIN DE PROBLÈME »

Nous y voici, au 25 novembre, journée internationale contre les violences faites aux femmes. Les élèves s'installent. Je leur ai annoncé que les premières minutes du cours seraient consacrées à un débat, ils semblent ravis de ce changement de format. Avant d'ouvrir la discussion, je leur projette une vidéo du média Brut. Des statistiques sur les violences faites aux femmes défilent pendant trois minutes sur fond de musique angoissante : 173 décès liés aux violences conjugales en 2019, dont 146 femmes, 88 % des auteurs sont des hommes. Une fois la vidéo terminée, je leur demande ce qu'ils en ont retenu.

– Les hommes devraient avoir honte, commence Cameron.

– Il y a des femmes qui se font violer parce qu'elles sont prostituées, lâche Moussa.

Première minute de la discussion et premier dérapage. Heurtée et agacée par ses propos, je l'interroge : « Tu penses que l'on a le droit de violer une femme parce qu'elle est prostituée ? »

– Non, on n'a pas le droit, répond Yasmine.

– À partir de quel moment on parle de viol ? je demande.

– À partir du moment où une femme n'est pas d'accord, et l'habit ne justifie pas le viol, tu peux être en survêtement et te faire violer, continue Yasmine.

Yasmine a pour passion le football. « C'est toute ma vie, si on me l'enlève, je meurs », m'a-t-elle confié. Elle cumule cinq entraînements par semaine et sa mère lui interdit d'y aller si elle n'a pas de bonnes notes. Alors elle bosse. Si elle ne devient pas footballeuse, elle sera éducatrice sportive ou prof d'EPS.

– En plus, parfois, les prostituées ne sont pas des prostituées par choix, ajoute Queen.

Queen est la meilleure élève de la classe. Elle est respectée, sait se défendre et ne s'interdit pas d'exister. « C'est dur de me concentrer dans cette classe, mais ça va », m'a-t-elle résumé pudiquement en tête-à-tête.

– Quand même, des fois, les femmes provoquent vestimentairement, continue Moussa.

-- C'est sexiste ce que tu dis, s'énerve Yasmine.

Certains élèves discutent en petits groupes, d'autres s'invectivent, les garçons coupent la parole aux filles, tout le monde s'exprime sans lever la main, sans s'écouter. Cet échange ne ressemble pas vraiment à un débat. Je pourrais clore la discussion mais à chaque énormité proférée par des garçons, les filles réagissent et elles le font bien. Alors je ne les empêche pas de s'exprimer. Debout devant le tableau, je hurle qu'ils doivent lever la main pour intervenir. Le calme revient un court instant, me laissant juste le temps d'interroger un élève, avant que la classe ne replonge dans un brouhaha d'adolescents. La voix de Yasmine vient couvrir les autres.

– Avant de toucher une fille, tu lui demandes : « Est-ce que je peux te toucher ? » Si elle dit oui, tu la touches, si elle dit non, tu la touches pas. C'est facile, si elle dit non, c'est non !

– En plus, ce que vous dites, c'est qu'on devrait être contraintes de porter certains vêtements et qu'on devrait avoir peur tout le temps dans la rue ? enchaîne Queen.

– S'il y a quelque chose qui te met en danger, tu vas pas le mettre, répond Diaby.

– Donc tu es en train de dire que les femmes doivent se priver de quelque chose parce que vous, les hommes, vous ne savez pas vous conduire ?! s'énerve Yasmine. Vous critiquez les filles qui sont en survêtement parce que c'est des garçons manqués. Si elles sont trop féminines, c'est des putes. Ça veut dire qu'on sort plus de chez nous parce que vous voulez qu'on s'habille comme ci ou comme ça. On s'habille comme on veut. S'il vous plaît, madame, tapez dans Google « infirmier » et « infirmière » et on va voir ce qu'on trouve comme images. Pourquoi vous sexualisez toujours les femmes ? C'est ça votre putain de problème !

L'espace d'un instant, je suis tentée de faire l'expérience. Mais la possibilité de voir apparaître des femmes à moitié nues en deux mètres par trois sur le tableau devant des adolescents de 13 ans m'en dissuade aussitôt. Les garçons prennent un malin plaisir à provoquer les filles. Je leur rappelle que le viol, les agressions sexuelles et le harcèlement sont condamnés par la loi, et qu'il n'existe aucune circonstance atténuante. Rokia lève la main juste avant la sonnerie : « Madame, il y a aussi des garçons qui font de la chirurgie pour devenir des filles. » Les garçons s'esclaffent.

Nous avons finalement passé l'heure sur ce débat. J'en sors essorée. Je pensais, naïvement, passer dix minutes à faire un rappel des violences que subissent les femmes. J'avais sous-estimé le sujet. Les remarques des garçons m'ont atterrée, la repartie des filles m'a rassurée.

CHAPITRE 25

LA CHAIR FRAÎCHE

La journée marathon continue. Après le débat, j'enchaîne sur une réunion d'accueil pour les nouveaux profs de l'établissement. Alors que j'entre dans la grande salle de musique où se tient la réunion, une jeune prof raconte avec sa gouaille du Midi un de ses dérapages verbaux. « Je gueule, "Hugo, tu te tais !" Il me répond : "C'est pas Hugo, c'est Théo." Là, je me suis dit que j'étais vraiment pathétique, j'ai pleuré de rire, trop la honte », s'esclaffe la Gouaille.

Nous sommes une petite dizaine à participer. Le Président, le Breton Chérubin et Pierre, prof de physique-chimie, font partie du groupe de l'Amicale du collège qui organise cette réunion. Nous installons les chaises en cercle. Un formateur REP+ participe à la réunion. Le Président explique le principe : « C'est une séance de co-développement, l'objectif est d'apprendre les uns des autres et d'améliorer notre pratique professionnelle. Comment se passe votre début d'année ? »

La Gouaille se lance : « Je me sens très bien avec les collègues, mais c'est plus dur avec les élèves. J'ai eu un début d'année super, je ne sentais pas l'effet REP+, mais là, je suis fracassée, je me lève à 5 heures du matin trois fois par semaine et j'ai trois heures de trajet par jour, donc rien que venir ici, c'est épuisant. Les élèves me fatiguent moralement, j'ai mal au dos, je force beaucoup sur ma voix. » La Gouaille habite la banlieue sud de Paris. Elle n'a été nommée au Paquebot que pour un an, alors elle ne déménage pas. Pour tenir ses classes, elle a essayé d'être « calme et suave, mais ça ne marche pas ». La Gouaille parle de son quotidien de prof avec humour, enchaîne les blagues, mais au fond, elle se sent à bout.

Arrive le tour de Madeleine. Contractuelle en français depuis la rentrée, elle est débordée, puisant son énergie dans le fait que le métier de prof est un « choix de cœur ». Ses heures de cours sont réparties entre deux établissements : neuf heures au Paquebot, neuf heures dans un autre collège de la ville. Gérer deux organisations l'épuise, d'autant qu'elle a une classe de 4e difficile. « L'une des conséquences, c'est que je ne cherche pas à m'intégrer avec les collègues… » Sa priorité : « Avoir des cours bien construits. » Elle y consacre un week-end sur deux. « Même comme ça, je me sens débordée », répète-t-elle. Selon le premier baromètre du bien-être au travail des personnels de l'Éducation nationale, un enseignant sur deux signale « un sentiment d'épuisement professionnel élevé[18] ».

Vient mon tour. Je ne m'appesantis pas sur mon cas, évoquant simplement mes problèmes de gestion de classe, surtout avec la 6e Clash et la 4e Ardente. Un jeune homme, grand et fin, pantalon à pinces et col de chemise sur un pull bleu marine, admet sa difficulté à « trouver une réponse adaptée à chaque élève alors qu'on doit s'occuper de tout le monde ». Il a l'impression de n'avoir rien mis en place pour aider « les élèves largués ». « L'autorité ne me fait pas peur », m'a-t-il dit quand nous nous sommes rencontrés pour la première fois devant la photocopieuse, « j'ai été chef scout dans ma jeunesse ». Son Capes en

18. É. Radé, « Premiers résultats du baromètre du bien-être au travail des personnels de l'Éducation nationale exerçant en établissement scolaire », Note d'information, octobre 2022.

poche depuis deux ans, Chef Scout a connu cinq établissements – dont le Paquebot – en tant que titulaire remplaçant. Un poste s'est libéré à la rentrée, il l'a demandé et obtenu. « À côté de ce que j'ai vécu ailleurs, ici c'est presque le paradis », m'a-t-il glissé.

Le Président nous demande de raconter une situation problématique qui s'est posée à nous sans que nous ayons trouvé de solution. Nous voterons pour résoudre l'une d'elles. Chacun expose un cas. « J'ai quatre élèves – des filles – qui nient mon autorité, explique une jeune prof rousse. Il faut que je sanctionne pour montrer à la classe que je gère la situation, mais à part aller chercher la CPE, je sais pas quoi faire. »

Sa situation remporte le plus de voix, alors le Président lui demande de détailler une scène. Elle prend une grande inspiration : « Pendant l'entrée en classe, j'ai invité les quatre filles à ne pas s'asseoir à côté parce qu'à chaque fois, c'est le bordel. Elles s'assoient quand même ensemble. Je répète ma demande. Elles disent que ce n'est pas juste, que je fais du "préférentisme". Du coup, je leur dis que c'est moi qui décide. Je ne supporte pas l'irrespect et le mépris, donc je gueule. Là, elles commencent à rire et me tournent le dos. Je me dis que c'est la merde.

Je demande à un élève d'aller chercher la CPE. Je prie pour qu'elle soit là parce que s'il revient sans elle, je vais rester con. Je le vois arriver avec la CPE. Les filles expliquent que je les persécute, que je change de ton et que je suis méchante. Elles disent que je leur parle mal. La CPE a fini par en prendre une dans son bureau, une autre a mis cinq minutes à changer de place sans pour autant prendre la place que je lui avais indiquée. » Depuis, quand les quatre filles arrivent dans son cours, la Rousse se dit d'emblée que ça va mal tourner. « Je pense qu'elles font ça parce qu'elles ne me voient pas comme une prof, mais comme une jeune trop chiante qui pense qu'elle a du pouvoir », regrette-t-elle.

Le formateur intervient. « La collègue décrit une situation d'escalade en plein cours. Résultat, il n'y a pas eu classe pendant quinze minutes. Il faut impérativement dire aux élèves : "Vos histoires, on verra ça à la fin de l'heure." Ça vous permet de vous calmer et de remettre l'ensemble de la classe au travail. En clair, il faut différer la gestion du conflit. Votre autorité vient du fait que vous êtes les meilleurs dans un domaine dans la classe et que vous pouvez leur apprendre des choses. Si vous lâchez là-dessus et que vous laissez de côté les autres élèves en essayant de régler une tension, vous perdez votre autorité. Laissez-les faire leur cinéma, et occupez-vous de votre classe. »

Pour la première fois, j'ai accès à un discours concret et limpide pour m'aider à gérer mes classes : attendre la fin de l'heure pour régler un conflit, ne pas chercher de solution immédiate. C'est la première fois que j'entends ce conseil et il me parle. Je le note dans mon carnet.

Cette journée m'a lessivée. J'ai fait cours, parlé consentement et agressions sexuelles avec des adolescents, corrigé des copies, passé la pause déjeuner à faire des photocopies, assisté à deux heures de réunion. Je quitte le Paquebot à 18 heures avec l'impression d'avoir vécu plusieurs vies. Je me couche en pensant aux bulletins à remplir et à mes six heures de cours du lendemain.

CHAPITRE 26

IL ÉTAIT CORIACE

Mes deux heures du vendredi matin avec la 6e Clash se terminent. Je saisis mon courage à deux mains pour parler à Touré. Je répète ce que m'a conseillé de dire l'infirmière. Touré m'affirme n'avoir jamais dit que son père le frappait, puis que son père « ne frappe que ses frères et sœurs ». Je me souviens pourtant très bien de ce que j'ai entendu en cours. Touré accepte tout de même de rencontrer l'infirmière avec moi. Je lui donne rendez-vous dans le hall du collège le lundi suivant pour que nous y allions ensemble.

J'ai juste le temps d'avaler un café dans la salle des profs avant de rejoindre Barbe noire en co-intervention. Je remonte entourée d'une horde d'élèves qui rient et chahutent. Des filles en survêtement flanquent des coups de poing dans les épaules des garçons, des garçons mettent des chassés à d'autres garçons. Arrivée au premier étage, j'aperçois un attroupement. Au loin, Jaurès ceinture un élève qui agite ses bras et ses jambes dans tous les sens. « Qu'on appelle un surveillant ! » crie-t-il. Je me fraye un chemin, un surveillant surgit et attrape l'élève. J'intime aux curieux d'aller en cours. Jaurès, les cheveux en pagaille, remet ses lunettes. Nos élèves patientent devant nos salles. J'ai juste le temps de lui glisser un « Ça va ? » inquiet. Les yeux écarquillés, il souffle : « Il était coriace ! »

Il est 14 heures. Il me reste deux heures de cours avant le week-end. La 3e Flemme s'installe dans la salle pendant que je projette mon PowerPoint. J'entends des éclats de voix au dernier rang. Youssef, debout, le visage crispé, a saisi Christophe par le col et lève le poing au-dessus de la tête de son camarade.

– Qu'est-ce qu'il se passe ? Hooooo, ça ne va pas ?!

– Christophe a retiré la chaise sur laquelle j'allais m'asseoir et je suis tombé, crie Youssef, 1,80 mètre, son poing toujours à dix centimètres du visage de Christophe.

– Je veux pas que Youssef s'assoie à côté de moi, répond Christophe.

Je me remémore le conseil du formateur pendant la réunion des nouveaux : différer.

– Vous me donnez vos carnets sinon vous allez chez la CPE, on règle ça après.

Ils obtempèrent. Youssef, énervé et vexé, vient s'asseoir au premier rang. Je convoque les deux élèves à la fin de l'heure.

– Christophe, tu t'excuses tout de suite, tu aurais pu lui faire très mal.

– Pardon, murmure-t-il, peu convaincant.

– Je veux de vraies excuses.

– Pardon Youssef, je suis désolé.

– Youssef, tu acceptes ses excuses ?

– Ouais, c'est bon.

Les deux élèves quittent la salle.

J'enseigne au Paquebot depuis trois semaines. Je sens le collège m'imprégner au point d'oublier mon immersion. Cette semaine, j'étais juste prof prise dans ses journées qui défilent à toute vitesse. Le fait de prendre des notes tous les jours après les cours me fait vivre ma journée une deuxième fois. Le soir, une fois que j'ai couché ma fille, les élèves hantent mes pensées.

Ai-je été assez sévère avec Christophe ? N'aurais-je pas dû rédiger un rapport d'incident ? Cette démarche très protocolaire me semble éloignée de ma nature, une discussion est parfois la chose la plus simple et la plus efficace. Touré… comment va se passer notre future entrevue avec l'infirmière à propos de son père violent ? Serena, en 3e, refuse de se mettre au travail en classe, mais que veut-elle à la fin ? Elle semble être une pièce maîtresse de la dynamique de classe… comment obtenir sa confiance ? Dois-je adapter mes activités avec la 4e Ardente pour les rendre plus ludiques ? Punaise, mes élèves vont-ils enfin me laisser dormir ?

CHAPITRE 27

LE RAPPORT

Le rapport d'incident est l'arme ultime des profs. Il atterrit dans le casier du prof principal et sur le bureau du CPE. L'élève est convoqué, les parents appelés, une sanction peut être prononcée : punitions, exclusion, convocation des parents, travaux d'intérêt général. Quand le mot « rapport » est prononcé, l'histoire sort de l'ordinaire.

Ce midi, la Gouaille en remplit un en salle des profs. Il tient en une phrase qu'elle nous lit d'une voix monocorde : « Hamed a lancé un sécateur sur la table d'un élève en plein cours, l'élève a eu peur, et l'a traité de pédé. » Éclat de rire général.

– C'est presque de la poésie, c'est beau, j'aime beaucoup, dit Kasparov, jeune prof de maths au crâne rasé qui joue aux échecs sur son portable.

Je commence à comprendre que, parfois,

rédiger un rapport d'incident se révèle nécessaire.

– Franchement, qui utilise encore pédé comme insulte ? demande La Gouille. Je précise par ailleurs que le sécateur qui lui sert de ciseaux était bien aiguisé. Avis à ceux qui sont jaloux des vacances des profs ! Rejoignez-nous !

CHAPITRE 28

CHOQUÉ ET DÉPRIMÉ

« Au fait, ça va ? » Je marche en direction de la gare avec Jaurès, quelques jours après son altercation dans le couloir avec un élève. Emportée par la charge de travail, j'ai oublié de lui demander comment il se sentait depuis cet incident. « J'ai clairement été choqué, j'ai passé un très mauvais week-end, je n'ai pas parlé à ma copine pendant deux jours. »

Jaurès me raconte la scène. Il montait les escaliers et a entendu des cris. Il aperçoit alors un de ses 6e se disputer avec un 5e. Il sépare les élèves une première fois, mais les deux continuent de vouloir se battre. Le 6e finit par remonter les escaliers et insulte la mère du 5e, qui voit rouge. Jaurès l'attrape, prend deux coups dans le torse, a le souffle coupé. Juste après, il enchaîne sur un cours avec ses 3e, et l'un d'eux se montre provocant. C'est la goutte d'eau. Il interrompt son cours et file dans le bureau de la principale pour exiger que des mesures immédiates soient prises contre l'élève qui l'a frappé. Elle paraît gênée. « Elle m'a dit qu'elle aurait sollicité un conseil de discipline pour tous les autres élèves, mais qu'elle allait me demander de ne pas l'exiger pour celui-là. »

La principale lui expose la situation personnelle de l'élève. Il habite avec sa mère et ses trois frères et sœurs dans un appartement dont l'électricité et le chauffage ont été coupés, il reste souvent tard au collège pour être au chaud. Le père récupère les allocations sociales, la mère ne peut plus payer le loyer, ils ont failli être expulsés, ont gagné du temps avec la trêve hivernale. Il mange un repas chaud par jour à la cantine et le collège remplit le caddie de la famille. « Ça m'a totalement déprimé, me faire frapper par un élève, et en plus, imaginer qu'à 45 minutes du centre de Paris il y a des gamins qui vivent dans le noir, dans le froid et qui mangent un repas chaud par jour grâce à la cantine. »

Les CPE et la direction connaissent la situation sociale, économique et familiale des collégiens. Ils filtrent les informations, même avec nous. Les profs principaux en savent plus. Jaurès, lui, préfère en savoir le moins possible. Il craint que cela modifie son comportement avec ses élèves. « Et puis si je connaissais toutes leurs histoires, j'arrêterais ce métier et je m'isolerais du monde. »

Après son échange avec la principale, Jaurès a renoncé à exiger un conseil de discipline contre l'élève qui l'avait frappé.

CHAPITRE 29

« CERTAINS ENFANTS GRANDISSENT SEULS »

Le lendemain, je corrige des copies en salle des profs. Magali, assistante sociale depuis vingt-cinq ans, s'assoit à côté de moi. Son gobelet de café fumant à la main, elle fait défiler sur son portable des vidéos TikTok de chats, d'extraits de l'émission de *La Grande Librairie* et d'interviews du psychiatre Boris Cyrulnik, « un mélange de trucs cons et intellos, pour se détendre ».

Assistante sociale du collège et des six écoles primaires du secteur, elle se trouve aux premières loges de la misère qui règne dans le quartier du Paquebot. Dans les années 1970, les mal-logés parisiens viennent s'y installer dans des appartements au confort alors moderne. Beaucoup sont fonctionnaires dans les hôpitaux et à La Poste. Cette classe moyenne a progressivement déserté jusqu'à disparaître, et a été relayée par de nouveaux habitants au fil des vagues d'immigration. « On est dans un quartier où ne restent que les gens qui ne peuvent pas partir », décrit Magali.

La commune est devenue l'une des plus déshéritées de France. Le taux de pauvreté y atteint 38 %, le taux de chômage grimpe à 20 %, les deux tiers des logements sont des HLM. Officiellement, 50 % des élèves sont boursiers, « 65 % en comptant ceux qui ne font pas les démarches administratives », selon Magali. Le quartier compte un grand nombre de familles monoparentales, des mères seules pour la plupart. Beaucoup sont femmes de ménage dans les hôpitaux, agents de service hospitalier comme on dit. Elles sont payées le smic pour travailler tôt le matin et jusqu'à tard le soir, déplore Magali : « Le week-end, épuisées, elles récupèrent de leur semaine et font toutes les tâches qu'elles n'ont pas eu le temps de faire. On ne peut pas demander aux parents d'arrêter de travailler, mais certains enfants grandissent seuls. »

Une élève de 4e m'a confié qu'elle dormait avec ses trois sœurs dans une petite chambre, un 6e m'a expliqué que faute de bureau, il faisait ses devoirs sur son lit. L'État dote le Paquebot d'un fonds social pour payer la cantine, des paires de lunettes ou des courses aux familles. « La principale dépense tout l'argent », se félicite l'assistante sociale. Entre 2017 et 2022, le syndicat des enseignants Unsa a estimé que ces fonds sociaux avaient baissé de 16,6 %[19].

Pour les élèves, Magali ose tout. Elle a écrit à tous les préfets et députés d'Île-de-France, ainsi qu'à Brigitte Macron pour obtenir un appartement pour une famille du Paquebot. La première dame a accédé à sa demande et a proposé un logement dans une HLM dans le 8e arrondissement de Paris. Heureuse de ce dénouement, l'assistance sociale préfère rester discrète sur le sujet, gênée que la situation ait été réglée de cette manière. À Noël dernier, l'Éducation nationale a versé une prime à Magali. L'assistante sociale a aussitôt reversé cette somme aux familles des enfants dont elle savait qu'ils n'auraient pas à manger pendant les vacances. Elle a précisé que c'était de la part du collège. « La question, c'est où tu arrêtes ? » s'interroge-t-elle.

Une des missions de Magali est de prévenir la violence au sein du Paquebot. Selon elle, la violence des élèves ne s'explique pas par la précarité

---

19. « Mixité et fonds sociaux : des inflexions positives à concrétiser », août 2022.

matérielle, mais plutôt par les dysfonctionnements familiaux et la santé mentale des parents.

Dans le secteur, dix postes d'assistante sociale sur cinquante sont vacants. « Ça a toujours été compliqué, mais il y a une vraie dégradation. » La moitié de ses demandes d'aides éducatives et d'accompagnements parentaux sont refusées par l'État et les départements : « Un gamin qui dit qu'il se fait frapper, si on attend qu'il le dise une deuxième fois pour l'aider, c'est trop tard. Si une maman a un problème psychiatrique, il ne faut pas attendre qu'il y ait un drame pour agir. Pourtant, aujourd'hui, on attend souvent qu'il soit trop tard. »

Touré n'est jamais venu voir l'infirmière avec moi. Mais il m'a dit s'y être rendu seul. L'infirmière m'a ensuite raconté qu'il avait nié avoir dit que son père le frappait. « Je lui ai juste expliqué que je voulais être sûre qu'il aille bien, me précise-t-elle, et que j'étais là pour aider les enfants maltraités ou en souffrance. » Touré voulait surtout savoir si le travail de l'infirmière consistait à retirer les enfants à leurs parents. « Je lui ai dit que non, que j'aidais les parents. » En ce qui me concerne, j'ai le sentiment de n'avoir servi à rien.

CHAPITRE 30

INDIGESTION

À peine dix minutes que je suis avec ma 4e Ardente dans la petite salle, l'A102, et les élèves me poussent déjà dans mes retranchements. La semaine vient pourtant à peine de commencer. Des élèves ont caché le sac de Madi, grand échalas coincé dans une doudoune qui descend jusqu'à ses baskets, bonnet et capuche toujours vissés sur la tête. Thaïs et Moussa semblent être dans le coup. Ils bavardent, personne ne m'écoute. J'interromps mon cours toutes les cinq minutes pour faire revenir le calme. Je crie, menace les plus agités d'appeler leurs parents, de les envoyer chez la CPE, leur rappelle que leur conseil de classe approche. Ils sont 26 assis face à moi, j'ai l'impression d'être seule sur scène et de ne plus connaître mon texte. La classe m'échappe minute après minute. Énième fou rire entre Moussa et Daouda. Je ne peux plus reculer. Je les envoie dans le bureau de Mme Sankara, la CPE, au bout du couloir. C'est la première fois que j'en arrive là.

Moussa et Daouda sortent de la classe et réapparaissent une minute plus tard. Mme Sankara veut un justificatif de renvoi dans le carnet. Je m'exécute. Les deux élèves repartent et reviennent aussitôt : je me suis trompée de page. Debout sur le pas de la porte de la salle, je cherche désespérément où écrire le mot. La scène est grotesque. Je finis par trouver la page. Dans le champ « Justification », j'écris : « Bavarde et perturbe le cours ». Moussa et Daouda repartent une fois pour toutes. Il reste quinze minutes avant la sonnerie. Je termine dans la douleur.

Après le cours, je retrouve Moussa et Daouda devant le bureau de Mme Sankara. La CPE des 4e travaille au Paquebot depuis huit ans. Elle a la réputation de rarement sourire aux élèves qui, en retour, la craignent. Ce qui est aussi un peu mon cas. Nous entrons tous les trois dans son bureau. J'explique m'être fait « bordéliser ». J'ignore quel autre terme utiliser. Mme Sankara sermonne les deux élèves : « Je vous ai déjà pris votre carnet ce matin et vous êtes encore dans mon bureau !

Pourquoi ce sont toujours les mêmes ? Vous êtes sous l'autorité de votre prof, c'est elle qui décide, si elle veut vous exclure, c'est que vous avez dépassé les bornes. Vous êtes beaucoup trop à l'aise dans ce collège, on ne va pas vous laisser faire. Qu'est-ce que vous dites à votre prof ? » Ils murmurent : « On est désolés. »

Depuis mon arrivée, plusieurs classes me résistent alors que je déploie une énergie folle pour essayer de les intéresser. Je consacre un temps démesuré aux élèves perturbateurs et je peine à supporter les affronts et les imprévus. Dans ma tête, je me repasse le fil de mes préoccupations, d'abord la 6e Clash, puis Touré et la violence de son père, puis la 4e Ardente… et ensuite ? De plus, un nouveau problème ne fait jamais disparaître le précédent. Les difficultés s'accumulent.

En fin de journée, j'aperçois Daouda échanger des coups de pied dans le couloir avec un autre élève. « Ohhh, ça va pas ! » Daouda s'immobilise, l'autre élève disparaît. Daouda m'assure s'être défendu face à deux garçons. Des élèves me racontent qu'il protégeait Zafer, ce dernier m'affirme au contraire que « Daouda dira rien pour pas poucave ». Je rédige un rapport d'incident et le dépose sur le bureau de Mme Sankara. C'est la journée des premières : j'ai envoyé des élèves chez la CPE et rédigé mon premier rapport d'incident. Je suis obligée d'en passer par là pour faire respecter mes limites.

CHAPITRE 31

L'ART DU PLAN DE CLASSE

La classe est une petite société, un lieu de socialisation où les enfants apprennent à dire « nous ». L'exclusion de Moussa et Daouda m'a convaincue qu'il était temps d'établir un plan de classe avec ma 4e Ardente.

Je trace des rangées de tables sur une feuille blanche. J'envisage de mettre une fille à côté d'un garçon, parce qu'ils ont tendance à ne pas s'adresser la parole. Pourquoi ne pas mettre aussi un élève excité à côté d'un calme, un bavard à côté d'un mutique, un bon élève à côté d'un élève en difficulté. J'en déplace certains trois fois avant de trouver une combinaison satisfaisante. Il faut maintenant le faire appliquer. Postée sur le pas de la porte de la classe, mon plan à la main, j'indique aux élèves leur nouvelle place. À la découverte de leur voisin, des « oh non ! » résonnent.

Mon second problème reste leur lenteur quand ils rentrent en classe. En arrivant, certains passent le balai pour ramasser les bouts de papier laissés par les 6e, d'autres patientent debout devant leur chaise pour discuter, d'autres encore essayent de changer de place. Le but est de retarder au maximum le couperet de la mise au travail. Le temps moyen que les profs estiment consacrer à l'instauration et au maintien d'un climat de classe favorable, au détriment du temps strictement réservé aux apprentissages des élèves, est plus élevé en éducation prioritaire – 21 % – que dans les collèges publics hors éducation prioritaire, 16 %[20]. Autrement dit, sur une année scolaire de 36 semaines, l'équivalent de sept semaines et demie ne seraient pas consacrées à l'enseignement en éducation prioritaire.

Pierre, prof de physique-chimie et prof principal de cette 4e, m'a partagé une astuce pour les faire asseoir plus vite : un chronomètre que je lance pour leur mettre la pression. Six minutes aujourd'hui !

---

20. Rapport du Cnesco, « Comment l'école amplifie-t-elle les inégalités sociales et migratoires ? » 2015.

CHAPITRE 32

SERENA M'A TCHIPÉE

Je travaille au Paquebot depuis quatre semaines. J'ai réservé la médiathèque, une immense salle où sont disposés une vingtaine d'ordinateurs. Mes élèves de 3e Flemme vont faire des recherches sur les symboles de la République française à partir d'un tableau que je leur ai fourni. Je voulais sortir du cadre de la classe, mais est-ce une bonne idée ? Car avec mes 3e, la lune de miel est terminée.

Demba, Ziad, Jordan, Jason et Youssouf, la bande de garçons du dernier rang, me donnent du fil à retordre. Ils bavardent sans cesse pendant mes cours, rigolent bruyamment, ne travaillent pas. Serena, elle, fixe le vide d'un air renfrogné. Quand je lui demande si quelque chose ne va pas, elle refuse de me répondre.

J'essaye de m'accrocher aux élèves qui acceptent de travailler.

Ce matin de décembre, ils s'installent tranquillement devant les ordinateurs de la médiathèque. Serena arrive dix minutes après la sonnerie. Je lui demande d'aller récupérer un billet de retard. Quand elle revient, tous les ordinateurs sont occupés. Je guette du coin de l'œil ses allers-retours dans la salle tout en aidant d'autres élèves. Je finis par lui intimer l'ordre de s'installer avec un camarade, et en passant devant moi, Serena me tchipe en me regardant droit dans les yeux. Le tchip désigne un bruit d'aspiration fait avec la bouche en signe d'agacement ou de mépris qui peut se traduire par « cause toujours, tu m'intéresses ».

– Tu ne me tchipes pas ! je m'agace.

– C'est bon !

– Non, ce n'est pas bon ! Donne-moi ton carnet !

Serena me le tend et s'assoit entre Inès et Imany, avec qui elle se met à bavarder. Je lui demande de s'arrêter, elle continue. Je la reprends dix minutes plus tard.

– On parlait de l'exercice, me répond-elle.

– Ah bon ? Vous disiez quoi ?

– On parlait des symboles de la République.

– Et comment tu expliques qu'Inès ait déjà rempli la moitié du tableau alors que vous n'avez presque rien fait ?

Affront pour Serena.

– Ça se fait pas de nous comparer à Inès.

Je repense au conseil de « différer » la gestion d'un conflit et ne réponds rien. À la fin du cours, Serena vient à mon bureau pour récupérer son carnet. Ses copines l'attendent à la porte.

– Est-ce que tu as l'impression que je te manque de respect ?

– Non, mais ça se fait pas ce que vous avez dit sur nous par rapport à Inès.

– Et tu penses que tu as le droit de me tchiper ?

– Mais c'est parce que vous avez comparé à Inès.

– Certes, mais tu m'as tchipée avant ça.

– C'est pas vrai.

– Si. En plus, je ne t'embête pas alors que tu ne montres pas beaucoup ton envie de travailler. Par contre, je refuse que tu me manques de respect.

– De toute manière, j'ai parlé avec ma prof principale, elle sait… et puis il y a que dans votre cours que je suis comme ça.

Serena la boxeuse prétend que le problème vient de moi. Je bouillonne et me contiens. Je lui tends son carnet et me lève. Serena sort de la salle. J'ai la gorge serrée.

C'est la première fois qu'un échange avec un élève me déstabilise autant. Serena attendait que ça éclate entre nous. Voilà qui est fait.

Le soir même, je corrige des copies et Serena occupe mes pensées. Je me repasse la scène. Aurais-je pu agir autrement ? Ai-je été blessante ? Est-ce que je la traite différemment ? Est-ce que j'étais excédée par l'accumulation des affronts, et donc Serena aurait payé pour tout le monde ? Ai-je été injuste ?

Le lendemain matin, je croise le Président dans un couloir. J'en profite pour vider mon sac. Je tombe ensuite sur Faiza, prof de SVT, à la photocopieuse. Je suis en boucle. « Fais un rapport d'incident ; il y a des collègues qui trouvent des excuses aux gamins. D'accord, c'est difficile pour eux, mais c'est aussi difficile pour nous donc il ne faut pas laisser passer », me dit-elle. Perdue, je passe demander conseil à la CPE des 3e, une femme brune aux cheveux courts. Protectrice et exigeante, la Louve marque certains de ses « loulous » à la culotte. « Pourquoi tu n'étais pas en arts plastiques ? » « Pourquoi tu étais absent hier ? » « Pourquoi tu traînes dans les couloirs ? » Elle ne laisse rien passer. Au premier étage, j'entre dans son étroit bureau.

– Serena m'a tchipée en plein cours, devant les autres élèves.
– Ce n'est pas possible de tchiper sa prof! Le tchipage, je n'aime pas ça! Je vais la convoquer et appeler sa maman. Elle n'accepterait pas ça.

Je suis soulagée par l'indignation de la Louve, mais j'ai aussi la désagréable impression de venir dénoncer une élève parce que je n'arrive pas à gérer la situation par moi-même.

À 15 heures, je retrouve mes 3e Flemme pour ma dernière heure de la journée. Serena passe l'heure la tête dissimulée derrière un cahier dressé sur sa table. Je ne dis rien. À la fin du cours, je demande aux élèves de constituer des groupes en prévision de l'organisation d'un débat le jour suivant. Des éclats de voix retentissent. « Non, mais c'est bon ! » crie Serena qui quitte la salle. « Qu'est-ce qu'il s'est passé ? » je demande aux autres élèves. « Je lui ai juste demandé dans quel groupe elle était, elle a pas voulu me répondre et s'est énervée », me répond une élève. « D'accord, remettez-vous au travail. » La sonnerie retentit. Serena réapparaît. Je l'accompagne dans le bureau de la Louve.
– Bon, Serena, ça ne va pas à la maison ? lui demande la CPE.

Il me manque des pièces du puzzle.

– Je n'aime pas l'attitude que tu as eue avec ta prof, et ta mère ne va pas apprécier non plus. Que se passe-t-il ?

La CPE répète plusieurs fois la question. « Je suis fatiguée, je suis juste fatiguée », lâche Serena en se mettant à sangloter.

– D'accord, on va discuter.

La Louve me fait signe de sortir de son bureau.

CHAPITRE 33

SON PREMIER SOURIRE

Au Navire, j'avais assisté à un débat radio organisé par Lulu en enseignement moral et civique – EMC – avec une de ses classes. Ça m'avait plu. L'idée de faire la même chose avec ma 3e Flemme a germé, cette activité me permettrait de sortir du cadre de la classe, et d'emmener les élèves sur mon terrain, le journalisme. Je les retrouve un vendredi après-midi. Je leur ai donné rendez-vous devant le CDI en leur annonçant que nous allions organiser un débat dans le studio radio du collège.

À force de devoir avancer dans le programme, j'ai parfois l'impression de gaver mes élèves de faits historiques et de notions sans leur laisser le temps de réfléchir. « Ne t'en fais pas pour le programme, m'a glissé la Chamane quand je lui ai parlé de ce projet radio. C'est dans ce genre de moment que tu tisses une confiance, qu'il se passe quelque chose entre tes élèves et toi, quelque chose qui reste. »

Les élèves pénètrent dans le CDI et s'assoient par groupes autour de quatre grandes tables. Je les ai répartis en deux groupes avec pour mission de trouver des arguments « pour ou contre le vote des étrangers ? » ou « pour ou contre le droit de vote à 16 ans ? » à partir d'un dossier d'articles que j'ai préparé. Ils lisent, discutent, alignent leurs arguments sur une feuille. « Qui veut débattre au micro ? » Silence. « Allez, ça va être marrant ! » Deuxième bide. « Vous allez le regretter, vous devriez dire oui. » Serena se porte volontaire, comme sept autres élèves. Je suis surprise et ravie.

Je fais entrer les élèves dans la petite salle attenante au CDI. Cinq micros et casques sont installés autour d'une grande table. « C'est le studio de Skyrock ici ! Je peux enregistrer un rap madame ? » s'enflamme Youssef. Serena et son camarade s'esclaffent en entendant leur voix dans les casques. Les autres élèves s'installent sur des chaises que j'ai disposées autour de la table. Ils sont calmes, je n'ai jamais eu autant de facilité à canaliser leur énergie.

Je leur fais un lancement en les vouvoyant : « Quatre débatteurs ont accepté mon invitation. Imany, Serena, Adam et Youssef. Alors, faut-il donner le droit de vote aux étrangers ? Serena, vous voulez commencer ? »

– Moi, Serena, je suis pour car, comme nous, les étrangers paient des impôts et s'ils votent il y aura une meilleure intégration sociale.

– Pour voter, il faut la nationalité française et payer des impôts, mais les étrangers n'en payent pas, dit Youssef.

– C'est faux, répond Serena. En plus, ils respectent les règles qu'on leur impose donc je trouverais ça correct de les laisser voter.

Adam, le meilleur élève de la classe, a consciencieusement préparé ses arguments. « Tout prof devrait avoir un élève comme ça dans sa carrière », m'a confié sa prof d'anglais. Il se saisit d'un micro : « Si on leur donne le droit de vote, cela ne fait pas de différence entre un citoyen français et un étranger. Ils bénéficieraient des mêmes droits alors qu'ils ne sont pas Français. Ils pourraient peut-être vivre en France pendant cinq ans, demander la nationalité française, puis avoir le droit de vote. »

Je lui demande : « Vous voulez dire que la citoyenneté française se mérite ? »

– Oui.

– Je ne comprends pas votre argument, ils ont déjà des règles à respecter, continue Serena qui se met elle-même à vouvoyer son camarade.
– C'est comme nous, on est Français, mais on n'a pas encore 18 ans donc on n'a pas le droit de vote, répond Adam. Et en plus, d'après l'article 3 de la Constitution, les électeurs ne peuvent être que les nationaux français donc cette décision irait à l'encontre de la Constitution.

Adam a une carte de séjour, mais il a visiblement enfilé son costume d'opposant au droit de vote des étrangers.
– Peut-être, mais je pense que si les étrangers avaient le droit de vote, cela changerait la mentalité des Français, soutient Serena.

Montre en main, je clos le débat au bout de sept minutes. « Madame on peut le refaire ? Je voudrais essayer aussi », me glisse Gabriel. Serena me regarde en retirant son casque. Elle m'offre son premier sourire.

CHAPITRE 34

PERDUS

Deux mois et demi se sont écoulés depuis mon premier jour de prof au Navire. J'arrive à réciter un cours magistral sans regarder mes notes et à l'adapter en fonction des questions des élèves. Je projette des documents, les présente et pousse les élèves à les analyser dans un jeu de questions-réponses. Au Paquebot, les élèves ne rechignent pas à participer. Certains sont même très à l'aise à l'oral. En revanche, les mettre au travail à l'écrit reste chaotique, même s'il y a du mieux. Créer des activités, j'ai à peu près compris. Parfois, les élèves accrochent, parfois non. Je les accompagne bien quand la classe ne compte pas trop d'élèves en difficulté. Car aider un élève cinq minutes, c'est souvent en laisser 25 autres en autonomie, donc potentiellement perdus.

En corrigeant mes premières copies, j'ai constaté que quelque chose clochait. Certaines sont très bonnes, d'autres sont parfois impossibles à déchiffrer, comme pour des élèves de 6e : « le défrichement c'est une nouvelle pierre », « une mégalithe c'est différament de l'humain (*sic*) ». Une élève a décrit un « sèche-linge » sur un visuel montrant une scène datant du Néolithique. Yanis m'a rendu une copie blanche.

Trois possibilités : ils n'ont rien compris, n'ont pas appris leur leçon ou ne maîtrisent pas suffisamment le vocabulaire et la syntaxe de la langue française pour lire et développer leur pensée à l'écrit. En 2022, les tests individuels de lecture à l'entrée de la 6e ont montré que les performances des élèves en lecture ont diminué. Aujourd'hui, 15 %[21] des élèves présentent de réelles lacunes en lecture. Ce taux monte à 30 % pour les enfants scolarisés en REP+.

Pour que mes élèves de 6e les plus en difficulté ne se découragent pas, je leur distribue en catimini des évaluations plus indulgentes, comme avec Younes, dont j'ai compris qu'il ne savait pas lire le mot « quatre ». Je ne suis pas certaine

---

21. Ministère de l'Éducation nationale et de la jeunesse, DEPP, note d'information, février 2023.

d'avoir le droit de faire ça, mais je me débrouille comme je peux face aux disparités de niveaux. Une impression désagréable me colle à la peau, celle de ne servir à rien à certains élèves alors qu'ils ont besoin d'aide.

Avec mes élèves de 4e et de 3e, ça se corse davantage, car certains ont appris à dissimuler leurs difficultés, comme ce garçon qui a fini par m'avouer qu'il ne savait pas distinguer l'est de l'ouest. Je me suis remise en question. Est-ce que j'explique mal ? Est-ce que mes évaluations sont trop dures ? J'ai montré celles de mes 3e à l'Archéologue et à Barbe noire. Mes collègues m'ont aussitôt mise en garde : « Ce que tu leur donnes est trop complexe. » Alors j'ai simplifié, et appliqué une idée de l'Archéologue, leur donner un tableau à remplir pour les guider dans la construction de leur texte. Mais même après cette simplification, certaines copies restent loin derrière.

CHAPITRE 35

CONSEILS DE CLASSE

Premiers conseils de classe de l'année. Ces deux dernières semaines, j'ai passé mes soirées et mes dimanches à corriger des copies et à remplir les bulletins sur l'ENT. Trois heures par classe me sont nécessaires.

Pour les 6e et 5e, le Paquebot ne fonctionne pas par notes, mais par « niveau de compétences », de « maîtrise insuffisante » à « très bonne maîtrise ». Impulsée par l'Union européenne, l'évaluation par compétences est aujourd'hui généralisée en primaire et dans de nombreux collèges français. Elle permet de mieux mesurer les acquis d'un élève et de mieux cibler ses difficultés. Je reste encore perplexe devant les interminables tableaux des sept compétences travaillées en histoire-géo, divisées en « domaines », eux-mêmes segmentés en « items ». À chaque évaluation, je dois choisir un ou deux « items » à évaluer, par exemple « situer chronologiquement des grandes périodes historiques » ou « nommer et localiser des repères géographiques ». Certains items ont des contours flous, comme « identifier des continuités et des ruptures chronologiques pour s'approprier la périodisation de l'histoire » ou « utiliser des représentations analogiques et numériques des espaces à différentes échelles ainsi que différents modes de projection ».

Au moment de rédiger l'appréciation de chaque élève, je rivalise d'imagination tout en maniant les euphémismes et les périphrases. Pour les très bons élèves, je déploie les hyperboles sans retenue. Chef Scout m'a conseillé d'éviter de faire trop compliqué pour que les parents me comprennent. J'enchaîne les conseils tous les deux ou trois soirs pendant deux semaines.

Le premier est celui de ma 6e Clash. Les tables sont disposées en U. La principale – que tout le monde ici surnomme « la Cheffe » – et Zhora, leur prof principale, sont les maîtresses de cérémonie. Cinq profs, le Président et les deux délégués sont présents. La Cheffe ouvre l'ENT et projette les bulletins au tableau. Elle nous sermonne car nous les avons mal remplis.

Zhora entame le conseil avec une appréciation générale : « C'est une 6e qui n'a pas encore compris les enjeux ni les comportements attendus. On se voit une fois par semaine avec le Président pour débriefer des problèmes, ce n'est pas normal pour des 6e. » Le cas de chaque élève est ensuite étudié par ordre alphabétique. Nous échangeons autour de leurs résultats, mais aussi de leur attitude et de leur travail en classe. Je n'ose pas trop donner mon avis de peur de dire n'importe quoi devant les collègues. Les mises en garde « comportement » et « travail », sortes d'avertissements symboliques, pleuvent. Walid aura peut-être une accompagnante d'élève en situation de handicap (AESH) ou un plan d'accompagnement personnalisé (PAP), Abdou obtient les encouragements pour souligner ses efforts. Originaire du Sénégal, ce dernier est passé par une Unité pédagogique pour élèves allophones nouvellement arrivés (UPE2A). Il est l'un de mes élèves les plus curieux et sérieux. « Mon père me dit toujours qu'il faut bien travailler à l'école si on ne veut pas devenir homme de ménage », m'a-t-il dit.

Pierre, prof principal de la 4e Ardente, ouvre leur conseil de classe avec un bilan mi-figue mi-raisin. « La moitié des élèves pense que la classe n'a pas une ambiance propice au travail, ils s'entendent bien, mais c'est le bazar. » Il énumère les objectifs de chaque élève. Riley a promis d'arrêter de faire des bruits bizarres en classe, Zafer, de moins jouer aux jeux vidéo, Daouda a assuré qu'il allait plus travailler. En revanche, Moussa l'inquiète. J'apprends qu'un PAP avait été envisagé il y a deux ans pour ses problèmes de graphie, mais qu'il n'a jamais été mis en place. « On ne peut plus résoudre ça maintenant », regrette la Fougue, leur prof de français. « Il faut penser à une réorientation », ajoute l'adjointe de la Cheffe qui préside le conseil. À ce stade, impossible de savoir à quel moment la machine scolaire s'est grippée pour Moussa.

Arrive le conseil de classe de la 3e Flemme. La Fougue, leur prof principale, fait le point : « Une classe qui a beaucoup d'énergie à donner, mais ne la met pas forcément au bon endroit ni au bon moment. » En 3e, les élèves entrent tour à tour dans la pièce pour assister à la discussion sur leur cas. Demba écope d'une mise en garde travail. Son désir de passer en voie générale est déjà compromis par ses notes. « Je ne fais pas passer un élève en générale avec vos résultats, vous devez réfléchir à votre orientation », prévient la Cheffe. Serena obtient les encouragements pour la pousser à travailler.

– Vous voulez faire quoi l'an prochain ? demande la Cheffe à Adam qui a 19 de moyenne générale.

– Ma mère se renseigne pour un lycée privé à côté.

– On va pouvoir vous proposer autre chose, peut-être à Paris, on va en discuter, dit la Cheffe.

L'année précédente, sur huit dossiers présentés, deux excellents élèves du Paquebot ont intégré le lycée Henri-IV, grâce à une « cordée de la réussite ». Ce dispositif créé en 2008 permet à des élèves d'éducation prioritaire d'être scolarisés dans des lycées d'élite parisiens désectorisés : les élèves y sont recrutés non pas en fonction de leur lieu de résidence, mais sur dossier. « On les incite à sortir du quartier pour voir autre chose, m'avait expliqué le Président. Et puis quand ils sortent d'Henri-IV, ils peuvent tout faire, quand ils sortent du lycée de la ville, leur horizon est plus limité. » Dans la ville, si 17 % des jeunes de 15 ans vont jusqu'au bac, seuls 20 % font des études supérieures, et 37,5 % ne sont pas diplômés.

Vendredi matin. La 6e Curieuse s'agite. Menaçante, je leur rappelle que leur conseil de classe se tient la semaine suivante. « C'était hier madame », me dit Zeynep. J'ai un flash.

Hier soir, les deux déléguées m'ont emprunté mon téléphone pour prévenir leurs parents qu'elles rentreraient après leur conseil. Je me jette sur mon agenda. Je l'ai noté à jeudi prochain. Je n'ai même pas rempli leurs bulletins.

CHAPITRE 36

ON S'ATTACHE TROP

Dernière semaine avant les vacances de Noël. J'ai adopté un rythme quasi militaire, abandonnant toute vie sociale. En semaine, je m'accorde un Perrier-fraise dans le bar situé en bas de chez moi. Heureusement, le matin, c'est mon conjoint qui emmène ma fille à l'école. « Quelle galère d'être prof quand tu as des enfants », soupire la Chamane, mère d'une petite fille, alors que nous buvons un café en salle des profs. Louise, prof d'espagnol, est contrainte de déposer son fils à l'école à 7 heures quand elle commence à 8 h 15. « Le pire, déplore la Chamane, c'est que les gens pensent qu'on passe toutes nos vacances avec nos enfants. Sauf que moi, je bosse souvent une semaine sur les deux, donc je la fais garder, ou alors elle va au centre aéré. » Selon les services statistiques du ministère de l'Éducation nationale, durant les seize semaines de vacances scolaires dont ils disposent, les profs déclarent travailler au moins 34 jours. « En plus ça sous-entend que tu as envie de passer toutes tes vacances avec tes gosses », ajoute Louise.

Les élèves de 3e sont en stage d'observation toute la semaine. Maryline, grande tige aux cheveux blonds, a obtenu une dérogation pour faire le sien la semaine précédente dans une joaillerie parisienne. Nous sommes mercredi, je la vois deux heures en tête-à-tête afin qu'elle rattrape le début du chapitre sur les totalitarismes. L'affaire est pliée en une heure, alors nous discutons, chose rare avec mes élèves, faute de temps. Maryline me raconte avoir redoublé en primaire à cause de sa dyslexie. Cinq ans d'orthophonie plus tard, le problème est réglé. Avec 18 de moyenne, Maryline est l'un des meilleurs éléments de la classe en histoire.

La collégienne rêve de travailler dans la haute joaillerie, en Suisse de préférence, « où les gens ont de l'argent ». Elle n'aime pas son quartier. « J'ai souvent droit au spectacle des policiers qui courent derrière les gens autour de mon bâtiment », ironise-t-elle, avant d'ajouter qu'« on doit en être à la quatrième personne qui se fait poignarder en deux ans ». Maryline adore lire : du fantastique, des thrillers, de la romance. Son regard se tourne vers la fenêtre. « Ça me permet de ne plus penser à la réalité parce que quand je regarde ces immeubles, je me demande ce que je fais là. J'aime pas la banlieue et la ville. Je voudrais vivre à la campagne, au calme. »

Cette discussion m'en évoque une autre, quelques jours plus tôt avec le prof d'arts plastiques, un homme à la moustache brune comme Freddie Mercury, le chanteur de Queen. Freddie a fait son année de stage dans un collège favorisé des Hauts-de-Seine, le deuxième département le plus riche de France. Il a ensuite été nommé titulaire remplaçant au Paquebot pour un an. Dans les Hauts-de-Seine, il n'avait pas plus de deux élèves issus de l'immigration par classe ; au Paquebot, « la minorité », c'est les profs, presque tous blancs, avait-il remarqué. Freddie m'avait comparé les travaux rendus par ses élèves des Hauts-de-Seine avec ceux réalisés au Paquebot. « Quand la consigne était d'imaginer le message que contiendrait une bouteille jetée à la mer, les élèves des Hauts-de-Seine représentaient des cartes au trésor. Ceux du Paquebot rédigeaient des messages de menace comme "Je vais te retrouver et je vais te tuer." Il y a des travaux qui parlent tellement pour eux. Ils y projettent beaucoup de violence… et regardent peut-être trop Netflix ! » avait-il décrypté.

Demain, c'est les vacances. Fluette vient d'apprendre qu'elle était affectée dans un collège voisin du Paquebot pour le reste de l'année. Ses élèves de 4e lui ont organisé un goûter surprise et l'ont applaudie. Quand la prof de français nous raconte la scène, ses yeux se remplissent de larmes. « C'est pour ça que ce métier est génial et c'est pour eux qu'on reste, on s'attache trop. »

L'Amicale du Paquebot a préparé une fête de Noël dans le gymnase, avec une séance de tir à l'arc, un parcours infaisable à moins d'être prof de sport, et une balle au prisonnier. Tout le monde se prend au jeu, même la Cheffe. Nous nous offrons des cadeaux et buvons des bières devant des clips projetés sur grand écran.

Plus tard, nous nous entassons dans deux voitures pour poursuivre la soirée chez le Président. Nous buvons des mojitos, l'Archéologue sirote du mauvais vin blanc. Nous nous lançons dans un Trivial Pursuit. Dans mon équipe, la Fougue consulte son téléphone pour trouver le nom du réalisateur de *Philadelphia*, Chérubin trouve sans peine le nom de l'équipe de foot de Manchester, et l'Archéologue me houspille pour avoir répondu « la dîme » au lieu du « cens » à une question sur les impôts au Moyen Âge. Je rétorque que, contrairement à lui, je n'ai pas le Capes.

Je sors fumer sur le balcon avec la Fougue et Barbe noire. Ils ont mon âge, nous nous ressemblons, nous partageons des choses intenses au quotidien. Nous bavardons et rions. En sept semaines au Paquebot, j'ai déjà l'impression de m'être fait une nouvelle bande de copains.

CHAPITRE 37

VOUS M'AVEZ MANQUÉ

Lundi 3 janvier, jour de rentrée scolaire. Après deux semaines de vacances, je me sens à la fois impatiente de retrouver mes élèves et stressée de repartir dans ce rythme fou. J'ai préparé mes cours et corrigé des copies pendant une semaine. Le contenu de mes leçons de la semaine a défilé dans ma tête toute la nuit. Quand je sors de chez moi, il fait noir et froid, les rues sont désertes. J'arrive au Paquebot à 7 h 30. Chef Scout, mon acolyte du petit matin, occupe déjà la photocopieuse. Comme moi, il aime que tout soit prêt avant que les adolescents fassent leur entrée. Il range chaises et tables et nettoie sa salle entre chaque cours.

Le Covid désorganise le Paquebot. Une collègue et de nombreux élèves sont malades, beaucoup sont « cas contact », la moitié des

surveillants sont absents. Dans la salle des profs, le sapin et les guirlandes ont disparu. La détente festive présente avant les vacances s'est volatilisée.
– Vous m'avez manqué ! lance Zhora.
– Moi, je suis trop heureuse de revoir mes élèves dépressifs, ironise Amazone.
– La période entre janvier et les vacances de février est la plus fatigante, me glisse la Chamane.

Depuis que je suis prof, je trouve toujours un enseignant pour désigner une période précise comme étant « la plus fatigante ». J'en conclus que la période la plus fatigante s'étire en réalité de septembre à juin.

La Cheffe entre dans la salle des profs et nous étale une série de mauvaises nouvelles. À cause du Covid, les formations sont annulées. J'en avais une prévue en février sur le thème « enseigner en éducation prioritaire », je suis déçue. Autre problème, avec 72 000 photocopies couleur en un an, les profs ont pulvérisé le forfait fixé à 35 000. Le surcoût : 3 600 euros, un dépassement « très difficile à absorber financièrement », avertit la Cheffe.

Je retrouve mes élèves. Dans ma 4e Ardente, avec 11 absents sur 26, l'ambiance est plus détendue et cela me permet d'aider les élèves les plus en difficulté. La 6e Curieuse est toujours aussi sympathique, la 6e Clash toujours aussi turbulente.

Après mes six heures de cours, je rejoins Kasparov, le jeune prof de maths passionné d'échecs, dans une salle du premier étage. Tous les lundis, de 16 heures à 18 heures, je m'occupe désormais d'une session de « Devoirs faits ». Lancé en 2017 par Jean-Michel Blanquer, ce dispositif s'appuie sur un constat : les devoirs restent un facteur d'inégalités scolaires. Entre un élève qui est aidé par ses parents et celui qui se retrouve seul face à ses exercices de français, l'injustice est flagrante. L'objectif est de proposer une à trois heures d'accompagnement hebdomadaire par élève, à raison d'un accompagnant – prof, assistant d'éducation ou jeune en service civique – pour quinze élèves environ. « Le principe est le même que l'aide aux devoirs qui existe depuis longtemps. Seulement là, on fait croire aux parents que leurs enfants ont terminé leurs devoirs en une heure, c'est purement politique », m'a un jour glissé la Chamane.

Au Paquebot, 179 élèves sont inscrits à Devoirs faits. Officiellement, ils sont tous volontaires. En réalité, les élèves les plus en difficulté ont été poussés à le faire, et ils le vivent comme une punition. Ils ne sont pas sanctionnés s'ils ne viennent pas. « En ce moment, il y a beaucoup d'absents. Tu inscris les gamins et ils ne viennent pas alors que l'on paye des adultes pour eux », m'a expliqué Albert, le prof de physique-chimie qui gère le dispositif dans le collège.

Je donne souvent des devoirs à mes élèves, notamment pour avancer dans le programme. À mon arrivée au Paquebot, certains ne les faisaient pas. J'ai donc décidé de menacer de coller les récalcitrants, ce qui a plutôt bien fonctionné. Barbe noire me trouve dure. Il attend trois devoirs non faits pour sanctionner. Jaurès, lui, ne donne plus de devoirs. Il trouve ça inégalitaire, et il est fatigué de corriger des rédactions pompées sur Internet.

Ce soir, des élèves de 3e ont un devoir de mathématiques. Impossible de les aider, je n'y comprends rien. Heureusement, Kasparov est là. « Rien que le nom de la matière braque les élèves », m'explique le prof de maths. Selon l'étude internationale TIMSS de 2019, les élèves français affichaient en mathématiques les plus mauvais résultats de l'Union européenne. « En 6e, ça passe encore, mais en 3e, si ça fait plusieurs années qu'ils ont abandonné, tu donnes un exercice et ils te regardent sans comprendre ce que tu dis. C'est comme si tu avais des allophones devant toi. »

CHAPITRE 38

LE PÉRIPHÉRIQUE

Aujourd'hui, Jaurès et moi sommes en co-intervention avec ma 4e Ardente en géographie. Nous étudions la mondialisation, en nous concentrant sur la ville de Détroit, aux États-Unis. J'interroge mes élèves.

– Quels habitants trouve-t-on dans le centre-ville de Détroit ?

– 80 % des habitants sont noirs, répond Zafer, d'origine turque.

– Pourquoi tu dis qu'ils sont noirs ? demande Moussa. Tu peux dire Afro-Américains, c'est comme ça qu'on dit !

Au fond de la classe, Daouda marmonne quelque chose, les élèves pouffent de rire. Je lui demande de répéter.

– J'ai dit un mot que je ne dois pas dire.

– Si, vas-y.

– J'ai dit négro.

Les élèves s'esclaffent. Je leur demande :
– On peut dire négro, selon vous ?
– Oui, répond Riley, parce que Daouda est noir, et c'est comme ça qu'on dit aux États-Unis.
– En plus, ajoute Cameron, on est marron, pas noirs.
– Moi je suis quoi alors ? renchérit Arun, d'origine sri-lankaise.
– Tu es marron aussi, répond Riley.

Je leur fais remarquer qu'on me décrirait comme « blanche » alors que je suis un peu rose.
– Vous êtes pas rose, madame, vous êtes beige, répond prosaïquement Riley.
– D'accord. Bon, et pourquoi dit-on que Détroit est une ville en crise ? De quelle crise on parle ?
– De la crise financière de 2008, dit Queen.
– Macron, on l'emmerde, on l'emmerde ! lance Riley, avant de lancer un « ferme ta gueule ! » à la volée.
– Riley, ce n'est pas possible de dire ça ! le reprend aussitôt Jaurès. Tu me donnes ton carnet !

Riley déborde souvent. Pour lui, rester assis vingt-six heures par semaine s'apparente à un supplice. Il m'a déjà fait la liste des choses qui l'intéressent : la santé de ses parents, l'argent, les filles, et l'école « loin derrière ». Il s'imagine

banquier d'affaires, agent immobilier ou pourquoi pas acteur. Je poursuis mon cours.
– Et donc il y a différents quartiers, des riches et des pauvres et une frontière socio-spatiale qui les sépare. Qu'est-ce que c'est une frontière socio-spatiale ? Vous en connaissez une, à Paris par exemple ?
– Le périphérique, répond Sofiane, il sépare les riches à Paris et les pauvres en banlieue.
– On vit en banlieue, mais on n'est pas pauvres, dit Riley.
– Bah si, on est pauvres, le reprend Queen en levant les yeux au ciel.
– Madame, c'est vrai qu'à Paris, la location d'un studio coûte 750 euros, genre la moitié d'un smic ? demande Abel.

Inscrit à l'option foot, Abel est un bon élève, mais il ne s'arrête jamais en classe. Diagnostiqué hyperactif, il prenait des médicaments pour calmer son trouble l'année dernière. Il a arrêté. « Sous médoc, il devient amorphe », m'a confié un de ses anciens profs. Depuis, Abel essaye de se contrôler.

À la fin de l'heure, nous convoquons Riley pour évoquer son intervention sur Emmanuel Macron.

– Ce n'est pas possible de parler comme ça en classe, le sermonne Jaurès.
– Mais c'est Macron qui a dit qu'il emmerdait les gens ! s'insurge Riley.

Dans un entretien donné quelques jours plus tôt au *Parisien*, le chef de l'État a déclaré, à propos des personnes non vaccinées : « J'ai très envie de les emmerder. »
– Alors certes, notre Président ne devrait pas dire ce mot, mais c'est intolérable de dire ça en classe, lui rappelle Jaurès.
– Oui, c'est mal, mais j'ai une boule au ventre là, je suis pas bien. J'ai oublié mes clés chez moi et je suis le seul à les avoir. Ma mère est au Cameroun et j'ai pas le numéro de téléphone de mon père. Il en change tout le temps. Je vais me faire engueuler.
– Comment tu vas rentrer chez toi ? je le questionne.
– Je ne sais pas, je vais attendre à l'Opej.

L'Opej est l'un des centres sociaux de la ville. Je rends son carnet à Riley sans le sanctionner.

CHAPITRE 39

DEMANDE-TOI CE QU'IL Y A DE POSITIF

Installée en salle des profs, je reporte les notes de la dernière évaluation de la 4e Ardente sur mon carnet. « Certaines copies ne sont vraiment pas bonnes », dis-je à la Chamane, assise à côté de moi. Comment suis-je censée faire cours en même temps à Queen, qui accumule les 20 sur 20, et à Moussa, abonné aux notes inférieures à 5 ? Il a décroché, comme on dit. « La question, c'est comment tu le raccroches », m'explique la Chamane, en observant la copie de Moussa, avant de commenter : « Il a des problèmes d'écriture, recopie les questions sans y répondre. » Pourtant, Moussa fait preuve de beaucoup de pertinence à l'oral, et il a une fine connaissance du monde. J'ai remarqué qu'il était sensible aux situations qu'il estime injustes. Si j'autorise un élève à aller aux toilettes et pas un autre, il s'insurge, si je prends un carnet et pas celui du voisin, il s'insurge, si j'interroge son voisin et pas lui, il s'insurge. La Chamane m'évoque pudiquement « une histoire de violences policières », pensant « qu'inconsciemment, il se met sans doute dans des situations de revivre une injustice ».

Elle saisit la copie de Riley. Prof de français depuis quatorze ans dont huit au Paquebot, la Chamane connaît mieux les élèves que moi. « Je suis contente, se félicite la Chamane, il a amélioré sa syntaxe. Ses difficultés scolaires sont très liées aux difficultés qu'il rencontre chez lui. Il n'a aucun cadre, sa mère se sent incapable de l'aider. Il a beaucoup de potentiel, il est curieux mais ne travaille pas assez et n'apprend pas ses leçons. » Pendant le confinement dû au Covid, la Chamane l'appelait tous les matins pour faire un point sur ses devoirs. Quand elle le rappelait le soir, il n'avait rien fait. « J'ai cru devenir dingo », me confie-t-elle.

Elle survole la copie de Madi, l'élève à la longue doudoune. « Demande-toi ce qu'il y a de positif. Qu'est-ce qu'il a bien réussi ? » Selon elle, ses quatre entraînements de football hebdomadaires, plus les matchs, ne lui laissent pas assez de temps pour étudier. Il y a aussi « la suspicion qu'il en fait trop à la maison ».

La Chamane a une obsession : lutter contre l'échec scolaire. « Certains gamins ont vécu des années de dévalorisation. C'est de l'ordre du trauma. Et puis leur famille leur dit qu'ils ne réussissent rien et qu'ils ne valent rien. Quand le gamin est trop pressurisé par la vie scolaire, les profs, la famille, il fuit, va se balader dans les couloirs, fait exprès d'oublier de faire ses devoirs, va demander quinze fois à aller à l'infirmerie. Tu n'imagines pas l'ampleur de leurs stratégies d'évitement. C'est de l'instinct de survie ! »

La Chamane vient d'une famille d'agriculteurs, elle a passé son enfance dans la boucherie de ses parents. Ancienne dyslexique, elle a le sentiment de s'être heurtée à un plafond de verre durant toute sa scolarité. Elle garde le souvenir humiliant d'une prof de prépa littéraire lui rendant sa copie : « Elle a dit devant tous les élèves "15 moins 18 pour les fautes d'orthographe, ça fait -3". Il faut arrêter avec cet élitisme français sur l'orthographe, tout le monde fait des fautes. Il y a même des collègues qui n'osent pas écrire des mails de peur de faire des fautes. Après, c'est vrai qu'il faut que nos élèves comprennent que l'orthographe est discriminante. » Après sa prépa, la Chamane intègre l'École normale supérieure.

Avec les années, elle se considère davantage comme une coach que comme une prof de français. « Dans mes cours, les élèves sont obligés d'agir, ils sont en activité tout le temps, c'est eux qui font, pas moi. Mon job, c'est de les mettre en valeur. Tu ne peux pas donner de l'attention à tout le monde, mais si tu as cinq élèves par classe qui en ont besoin, tu en choisis un par heure pour remplir son vase. » Dans ses classes, il y a un « maître de la parole », un responsable des photocopies, elle « n'en a rien à foutre des notes », utilise les compétences pour tous ses niveaux et ses élèves auto-évaluent leur travail à chaque cours et à chaque trimestre. « Les bavardages existent parce que le gamin ne sait pas se mettre au travail de manière autonome. Il faut donc évaluer cette mise au travail pour qu'il progresse. » Un détail l'a frappée au Paquebot : les problèmes de vue de certains élèves. « Certains ne voient rien, ils attendent une paire de lunettes depuis des années. Les parents n'ont pas de mutuelle ou quand ils en ont, elles ne remboursent rien. Mais si le gamin ne voit pas, c'est mort. Tu lui mets des lunettes, c'est plus le même élève. »

Je bois les paroles de cette stakhanoviste de la pédagogie, moi qui n'ai pas été formée aux théories de l'éducation. Quand elle me parle, la Chamane est comme avec ses élèves, positive et encourageante. Comment enseigner aussi bien qu'elle ? Combien d'années me faudrait-il pour mettre sa pédagogie en pratique ? « Tout ça, c'est du temps long », indique-t-elle comme si elle lisait en moi.

Albert, prof de physique-chimie, entre dans la salle des profs et attrape une feuille dans son casier. Il se tourne vers la Chamane.

– On fait quoi quand on trouve ça ?

– Une danse de la joie !

Cette feuille est un PPRE, un programme personnalisé de réussite éducative pour venir en aide aux élèves en difficultés scolaires. J'en avais une dizaine au Navire. Au Paquebot, il y a peu d'élèves « dys », souffrant de troubles de l'attention, encore moins de haut potentiel. Non pas parce qu'ils sont moins nombreux, mais parce qu'ils ne sont pas diagnostiqués.

– Dans ce collège, enrage la Chamane, il y a seulement trois PAP et un PPRE, on bidouille. Les collègues ne sont pas formés pour appliquer les aménagements, il n'y a plus d'orthophoniste dans le quartier pour établir les diagnostics, les profs principaux n'ont pas le temps de constituer les dossiers très techniques, les documents administratifs se perdent, il n'y a pas de pression des parents qui ne connaissent pas ces troubles, et les gamins pensent que l'aide, c'est pour les élèves bêtes.

CHAPITRE 40

MUTATION

La nuit est tombée derrière les vitres de la salle des profs désertée. Je discute avec l'Archéologue et Kasparov. Originaire de la Sarthe, le prof de maths vit seul dans la banlieue voisine. Tous les deux vont, comme souvent durant leur week-end en solitaire, passer leur samedi et dimanche à jouer à des jeux vidéo. « On a les mêmes occupations que nos élèves », rigole l'Archéologue qui s'interroge à voix haute : « Pourquoi je reste là alors qu'on est vendredi soir ? Ah si, je sais ! Parce que ma famille ne vit pas ici, que ma copine habite à 500 kilomètres et que cette salle des profs est quatre fois plus grande que mon studio. »

L'Archéologue loue un appartement en banlieue parisienne pour 500 euros par mois. « Les gens me disent de profiter d'être à Paris pour sortir, visiter, mais quand tu es tout seul, c'est nul. » L'Archéologue aura 32 ans dans un mois et le sentiment de passer à côté de ses « belles années ». « Tu commences à enseigner ici avant tes 30 ans, tu ressors de là à 35 ans. » Originaire « d'un village où à 20 ans tu as des enfants et un crédit sur le dos pour payer ta maison », il rêve de regagner sa région d'origine pour construire une famille, rénover une maison et « vivre correctement avec [son] salaire ». Alors si l'Archéologue est sarcastique, souvent moqueur, il est aussi amer de ne pas obtenir sa mutation.

Dans le primaire, les enseignants ne peuvent être affectés que dans l'un des départements de l'académie dans laquelle ils ont été reçus au concours. Dans le secondaire, le recrutement est national et les nouveaux profs sont affectés n'importe où en France, en fonction des besoins. Un système fondé sur un barème de points régit les mutations. Ces points augmentent en fonction de l'ancienneté, de la nature du poste occupé et de la situation familiale. Avoir un enfant, se pacser ou se marier permet ainsi d'engranger beaucoup de points et d'augmenter les chances d'obtenir la mutation souhaitée. L'Archéologue a commencé sa carrière à 14 points. Il avoisine désormais les

1 000 points depuis qu'il s'est pacsé, l'été dernier. Problème, la barre d'entrée dans l'académie de Rennes, très demandée, a flambé depuis le Covid. « Plein de Bretons ont voulu rentrer. »

Les profs savent donc que leur mobilité sera contrainte, surtout en début de carrière. Et la situation se dégrade. En 2021, 44 % des 26 000 profs du second degré demandant à changer d'académie ont obtenu satisfaction, contre 55 % en 2015[22]. En parallèle, l'âge d'entrée dans le métier augmente : en moyenne, un prof titulaire du second degré débute à 31 ans, contre 27 ans en 2008. Dans le second degré, cette gestion des mutations constitue de plus en plus un frein au recrutement[23]. Dans le premier degré, cette problématique sape d'abord l'attractivité des académies de Créteil et de Versailles.

L'Archéologue évoque un article mettant en lumière les profs qui signent des faux pacs pour gagner des points[24]. « Qu'on les arrête pour que

22. Bilans sociaux du ministère de l'Éducation nationale, de la Jeunesse et des Sports.

23. Rapport 2021 de la médiatrice de l'Éducation nationale et de l'Enseignement supérieur.

24. « Le faux pacs, l'astuce de certains profs pour décrocher une mutation », *Les Échos start*, 4 octobre 2021.

je passe devant eux », assène-t-il. Comme chaque année, il a réitéré sa demande de mutation en Bretagne.

CHAPITRE 41

EN COLÈRE

J'ouvre le frigo de la salle des profs et découvre la tête de Jean-Michel Blanquer imprimée sur une feuille scotchée sur le bac à légumes. Je glousse et récupère mon Tupperware. Ce midi, tous mes collègues sont en boucle sur la gestion ministérielle du Covid. Les CPE passent leurs journées à appeler les parents d'élèves absents. « La vie scolaire est devenue le bureau de l'ARS », l'agence régionale de santé, souffle le Président, qui a vécu une quinzaine de protocoles sanitaires différents depuis le début de la crise.

Mme Sankara enrage des 75 millions d'euros rendus à l'État par Jean-Michel Blanquer en 2021. Cette somme non dépensée, sur un total de 55 milliards d'euros, faisait partie du budget du ministère de l'Éducation nationale. « De tout temps, chaque ministère doit rendre à l'État une somme, une sorte de "pneumatique de souplesse" qu'il est nécessaire d'avoir pour couvrir les aléas de gestion », s'est défendu l'ancien ministre[25]. « C'est une manière de nous dire de crever, s'agace la CPE. Originaire de Seine-Saint-Denis, Mme Sankara a soif de justice sociale. En 2018, elle rejoint un syndicat de parents d'élèves de quartiers populaires. Celui-ci vient de subir une série de cyberattaques sur Facebook : « On a reçu des messages "vivement que vous dégagiez de la France", "vous êtes des islamistes". Tout ça parce qu'on dénonce les inégalités et les discriminations envers les enfants des quartiers populaires. ».

Une réunion syndicale débute en salle des profs pour discuter de la grève prévue la semaine suivante. Il s'agit de dénoncer la gestion du Covid par le gouvernement. Nous sommes une vingtaine. Délégué Sud, syndicat classé à l'extrême gauche, le prof documentaliste prend la parole : « Dans le primaire, c'est l'hécatombe. Tous les syndicats appellent à la grève, les chefs d'établissement, les inspecteurs, ça va

25. « En primaire, l'effet négatif du confinement sur les apprentissages a été gommé », *Le Parisien*, 15 novembre 2021.

être énorme. » Leurs revendications ? L'obtention de masques FFP2 et des profs remplaçants, « et pas des retraités ou des étudiants ». Dr Martens aux pieds, jean brut retroussé aux chevilles, veste noire, le prof documentaliste affiche tous les jours le même style, celui des antifascistes des années 1980. Une boucle d'oreille et des cheveux mi-longs gominés tirés en arrière viennent parfaire la tenue de celui que j'appelle Mr Martens.

– L'argent, c'est le nerf de la guerre, donc est-ce qu'une caisse de grève peut être envisagée pour les surveillants qui ne peuvent pas se permettre de faire grève ? demande Mme Sankara.

– On peut se servir de notre prime REP+, certains n'ont pas la chance de la percevoir, répond Mr Martens.

– C'est bien de dire qu'on est en colère, mais qui va lâcher sa journée pour ça ? s'interroge Marguerite, prof de français. Je suis à 80 %, donc poser un jour de grève si personne ne suit, ça fait mal au cul.

– C'est sûr que si on n'est que cinq, le message ne va pas passer, dit Mme Sankara.

Les profs n'échappent pas à la désyndicalisation – 45 % de syndiqués dans les années 1990, 30 % aujourd'hui. Au Paquebot, quelques enseignants n'ont jamais fait grève. C'est le cas de Lucie, une jeune prof d'espagnol qui s'est sentie raillée pour ça. « J'ai déjà dû me justifier, des collègues m'ont demandé si j'étais d'accord avec les réformes du gouvernement, d'autres m'ont dit “Si on garde nos retraites, ce n'est pas grâce à toi.” » Maxime, prof de maths, ne fait pas grève non plus. Il a « un crédit d'appart à payer ». « Si c'était pour le collège, je me mobiliserais, mais pas contre une mesure nationale », s'est-il justifié.

– Alors, qui se positionne pour la grève ? interroge Duras, la prof de français.

Une dizaine de mains se lève. Pas la mienne. Dois-je me mettre en grève ? Est-ce que je sors de ma mission de journaliste qui voudrait que je sois le plus neutre possible ? La sonnerie retentit. Je demande aux collègues s'ils iront manifester.

– J'hésite, mais c'est juste à côté de chez moi, je vais essayer de bouger mon cul de bourgeois, assure Jaurès.

– On se donne rendez-vous ? propose l'Archéologue.

– Oui, je connais un bar sympa vers le Panthéon, répond Chérubin.

– Il y a que ça qui t'intéresse de toute manière, chambre l'Archéologue.

CHAPITRE 42

RILEY

Il est 9 h 15, je viens de finir un cours. Je m'affaire à mon bureau en attendant la 3e Flemme. Riley passe devant ma salle et s'arrête sur le pas de la porte. Je récupère sa classe dans une heure, il doit avoir envie de parler. J'ai un excès de bienveillance envers cet élève. Je cherche souvent à l'épargner, le sachant déjà dans une situation familiale compliquée. Je me lève et entame la discussion, me souvenant que quelques jours plus tôt, il avait oublié ses clés chez lui.

– Ça va Riley ?

– Ça va, ça va.

– Alors cette porte ? Tu as réussi à l'ouvrir ?

– Ah non madame, j'ai cassé la vitre de la fenêtre à coups de poing pour entrer. Sauf que je savais pas que c'était du double vitrage, donc j'ai dû utiliser un marteau.

– Ton père ne t'a pas trop grondé ?
– Non, ça va, lui, il a fait pire, un jour il a cassé la porte en donnant un gros coup dedans, on avait une porte toute pourrie avant, donc elle s'est cassée.
– Tu l'as dit à ta mère aussi ?
– Non, elle est encore au Cameroun, elle rentre bientôt.
– Ok, on se voit dans une heure ?
– J'ai pas envie d'aller en maths, je peux rester avec vous ?
– Non, vas-y, tu vas être en retard.

Ce soir-là, après avoir couché ma fille, je m'attaque à la correction d'un paquet de copies. Comme j'ai connu la vie de salariée, j'apprécie désormais de ne pas avoir de N+1. Pas d'infantilisation, pas de pression, si ce n'est celle que je m'impose à moi-même. Mes débuts au Navire me paraissent déjà loin.

Je me suis acclimatée au Paquebot, sans doute parce que l'équipe m'a accueillie à bras ouverts. Avec les élèves, j'ai le sentiment d'avoir terminé ma période probatoire. Une 6e m'a appelée « maman », Serena a abandonné sa mine renfrognée, mes élèves me gratifient d'un « bonjour madame Benjamin » quand ils me croisent dans les couloirs, ils se montrent plus calmes et attentifs en classe. Claudine, prof au Paquebot depuis vingt ans, m'a expliqué que commencer ce métier à 35 ans est sans doute plus facile. « Tu te connais mieux et tu sais mieux maîtriser tes émotions. »

La plupart des amis à qui je parle de mon travail me demandent comment je réussis à tenir ce rythme. Je ne me pose pas la question. Depuis que j'enseigne, j'éprouve quelque chose d'inédit. À partir de l'instant où je commence un cours, plus rien ne compte à part ce qui se passera la seconde d'après, je reste concentrée sur mes élèves et leur compréhension de ce que je leur raconte. Je laisse à la porte toutes mes préoccupations personnelles. J'adore cette sensation d'un travail qui me fait oublier tout le reste. J'ai parfois ressenti ça en tant que journaliste, lors d'interviews qui aspiraient toute mon attention. Ici, c'est tous les jours. Mon corps s'est détendu, mes gestes sont plus fluides, j'arrête de forcer sur ma voix, je suis plus naturelle quand je m'adresse à mes élèves. En fait, je n'ai plus peur d'eux. Et en arrêtant de les craindre, je crois que j'ai commencé à les aimer.

CHAPITRE 43

MA PREMIÈRE GRÈVE

En devenant prof, mon objectif journalistique était de saisir la réalité humaine derrière « la crise » que traverse le système scolaire. De saisir les raisons pour lesquelles la vocation pour ce métier s'essouffle. En suivant les grévistes, ne suis-je pas au cœur de mon sujet ? Le 13 janvier, je saute le pas, je me joins à la grève.

Le matin, une assemblée générale est organisée dans l'un des centres sociaux de la ville. J'y entre, hésitante. Une quarantaine de profs, la plupart représentants syndicaux de différents établissements du département, sont assis en rond. Mr Martens est à l'opposé de moi. J'ai l'impression d'être une intruse, j'essaye de me faire petite. Un syndicaliste commence d'une voix assurée qui résonne dans cette immense salle : « On a des propositions sur le manque d'enseignants et de remplaçants, le nombre de plus en plus important de contractuels. On les embauche et personne ne trouve à redire, on est même contents parce que ça soulage les parents et les équipes. On a des salaires de merde et des conditions de travail pourries. Et le débat, c'est aussi comment on poursuit cette action ? »

Le ministère communique un taux de grévistes de 38,4 % dans le premier degré et 23,7 % dans le second degré. Les syndicats annoncent, eux, 75 % de grévistes dans le primaire et 62 % dans le secondaire. Comment expliquer une telle différence dans les estimations ? Les chiffres du gouvernement sont calculés par rapport à l'effectif total des établissements. Après avoir fait un tour des salles, les directions envoient un premier relevé vers 9 heures. Conséquence : seuls les enseignants qui devaient assurer un cours à 8 heures et ne sont pas là sont comptés comme grévistes. Ceux qui commencent plus tard ne seront pas comptabilisés comme grévistes, même s'ils le sont. Le risque de sous-évaluation est évident. Les syndicats, quant à eux, calculent les grévistes d'une part avec des panels représentatifs d'établissements dans chaque département en primaire, d'autre part en combinant les remontées de leurs représentants syndicaux dans le secondaire. Le risque est que les établissements les plus mobilisés soient les plus prompts à transmettre leurs taux, et que le bilan soit surévalué.

Mr Martens, le représentant Sud du Paquebot, prend la parole à l'assemblée générale. Il regrette le peu de profs présents : « On est en train de gagner la bataille de l'opinion, mais ça ne suffira pas. Il faut continuer à échanger avec les collègues pour les convaincre. » Ce dernier laisse de nombreux jours de salaire dans les grèves. Assez discret, on le voit peu souvent dans la salle des profs. « Dans le collège, seuls une dizaine de collègues sont investis sur les temps forts de mobilisation, c'est parfois frustrant », m'a-t-il expliqué un soir dans le RER. Alors parfois, il se sent seul, fatigué aussi, non pas par le travail de syndicaliste, mais par « l'inertie des collègues », par « leur refus d'entrer dans des conversations qui peuvent être contradictoires, leur refus de débattre ».

Son père était instituteur, « conscient de ce que cela voulait dire de travailler pour le service public ». Ce n'est pas facile d'être syndiqué en ce moment, concède-t-il. « Les collègues ne comprennent pas qu'il faut agir collectivement. Globalement, au Paquebot, ça se passe bien, mais beaucoup de profs défendent avant tout leur beefsteak. Pourtant, on arrive à un point de rupture où le gouvernement veut toucher à notre statut, comme pour les cheminots. Alors c'est maintenant que ça se joue. »

Après deux heures d'assemblée générale, je retrouve le prof de sport Chérubin et mon collègue d'histoire l'Archéologue dans un pub derrière le Panthéon. Sa pinte de bière à la main, l'Archéologue calcule : « Deux heures supp' me permettent de compenser un jour de grève. Il faut être malin ! » La moitié des profs du Paquebot n'est pas allée travailler. « Il y a un noyau dur de profs mobilisés. Et puis il y a les mercenaires. Eux combattent de l'intérieur, mais pour leur propre compte, ils ne sont engagés que sur WhatsApp », affirme l'Archéologue. Pendant les mobilisations contre la réforme des retraites fin 2019, l'ancien CPE du Paquebot surlignait les heures de cours des grévistes sur un tableau accroché dans le hall du collège. « Il disait aux collègues : "Si vous voulez prendre cette heure, vous toucherez 35 euros." Les collègues prenaient mes classes et le collège fonctionnait normalement. J'ai pété un câble et j'ai fini par écrire sur le tableau "et la grève des autres, bande de casseurs de grève". »

Chérubin, lui, participe à sa première grève et première manifestation. « Au début, je me suis dit “je leur laisse une chance, ils viennent d'être élus, ils ont eu les gilets jaunes, puis le Covid”. Mais quand je vois les interventions de Blanquer, les surveillants et les AESH sous-payés, nous qui ne sommes pas remplacés, le manque de place dans les structures spécialisées pour les enfants handicapés... Ce n'est pas possible ! »

À 14 heures, nous rejoignons Jaurès, Chef Scout et le Président dans le cortège. L'ambiance est bon enfant, les profs se tiennent sages. Des « Blanquer démission » fusent. La plupart des pancartes s'attaquent au ministre, « Blanquer nous emmerde », « Stop Blanqueroute de l'école publique ». Le slogan principal est toujours le même, il réclame « des moyens pour l'éducation ».

À la rentrée 2022, Emmanuel Macron affirmait devant les recteurs : « Si nous voulons sortir de ce que certains voudraient présenter comme une fatalité, cela ne se règle pas simplement par plus de moyens. Plus de moyens, nous l'avons essayé plein de fois dans notre histoire[26]. » En 2022, le budget de l'Éducation nationale

26. www.vie-publique.fr, 25 août 2022.

atteint 77 milliards d'euros. Ce chiffre a doublé en vingt-cinq ans. Mais si en 2021, la France a dépensé 10 500 euros pour chaque élève, tous les pays développés de l'OCDE ont dépensé plus : l'Allemagne a consacré 12 000 euros par élève, les États-Unis, 13 000.

Par ailleurs, les enseignants français assurent un nombre d'heures de cours parmi les plus élevés d'Europe – 900 heures par an en élémentaire contre 740 heures en Europe. Leurs salaires restent, eux, « inférieurs à la moyenne de l'OCDE à chaque étape de la carrière, à tous les niveaux d'enseignement, sauf en maternelle[27] ». La France obtient enfin la palme du pays de l'Union européenne dont les effectifs par classes sont les plus lourds. Au collège, l'effectif moyen approche 26 élèves, très au-dessus de la moyenne de tous les pays, située sous la barre des 21.

« Quand tu demandes aux profs ce qu'ils veulent, c'est moins de gamins dans les classes, ça veut dire plus de classes, donc plus de profs, et c'est ce qui coûte cher donc le ministère ne veut pas », me résume le Président alors que nous marchons dans le cortège. Il estime pourtant que le Paquebot a de la chance de bénéficier d'une

---

27. Rapport « Regards sur l'éducation », OCDE, 2022.

assistante sociale, d'une infirmière et de trois CPE. « Certains te diront que c'est du luxe, mais c'est un luxe nécessaire. »

CHAPITRE 44

LAÏCITÉ

Dernier jour de la semaine. À la cantine, je m'attable en compagnie du Président et de l'intendante du Paquebot. Elle s'occupe notamment de la gestion du matériel du collège et de la cantine. Elle s'apprête à participer à une formation de trois jours sur la laïcité. « Je ne veux pas me tromper dans mes réponses aux gamins », explique-t-elle. L'intendante habite dans le quartier du Paquebot : « Le week-end, ce n'est pas la même ambiance, certaines élèves portent le voile, tu ne vois que leurs yeux, tu ne les reconnaîtrais pas. »

Le Président estime qu'environ 70 % des élèves sont musulmans, 30 % sont chrétiens – dont certains évangéliques –, et quelques-uns, hindous. « Leur religion fait partie de leur identité, ils y sont attachés, mais ça ne les oppose pas, ce n'est pas un sujet pour eux. » La charte de la laïcité trône dans le hall du collège. Impossible de savoir lesquelles de mes élèves portent le voile une fois les grilles du collège franchies. Une seule fois, dans la cour plongée dans l'obscurité matinale, l'une d'elles s'est rangée parmi ses camarades, son voile encore sur les cheveux. Je lui ai demandé de le retirer, ce qu'elle a fait en s'excusant d'avoir oublié.

Récemment, le Président dit avoir remarqué un groupe de filles « qui se copient » en mettant capuches, bandeaux ou écharpes sur leurs têtes. Ce sont des habituées du club D'Olympe à Rihanna. Le CPE commente : « Les filles ne sont pas dans la revendication, mais ont conscience qu'elles ont le droit de choisir ce qu'elles font de leur corps et de leur tête. » Il garde tout de même un œil sur « cette petite lame de fond discrète », privilégiant « le dialogue plutôt que la confrontation » sur ces questions. Il évoque une réunion imposée par le rectorat il y a quelques mois où un inspecteur, référent laïcité dans l'académie, est venu leur délivrer une formation. « Ça ne s'est pas très bien passé, les profs d'histoire ont quitté la salle avant la fin. »

Huit mois après l'assassinat de Samuel Paty, Jean-Michel Blanquer annonçait un plan laïcité étalé sur quatre ans. Le ministre de l'Éducation nationale de l'époque lançait un programme de formation avec l'objectif d'y inscrire 250 000 fonctionnaires par an ; 1 000 formateurs devaient, eux, recevoir une formation « renforcée et intensive » à la laïcité pour intervenir dans les établissements scolaires et former leurs collègues. À son arrivée rue de Grenelle, Jean-Michel Blanquer avait déjà nommé des référents « laïcité et valeurs de la République » dans les rectorats chargés de recueillir les signalements d'atteinte à la laïcité par les enseignants et de les accompagner en cas de difficulté. « Le rectorat est persuadé qu'on a des atteintes à la laïcité tout le temps, qu'on est des frondeurs et qu'on ne fait pas remonter les problèmes pour protéger nos gamins, mais ce n'est pas vrai ! » assure le Président.

En entrant dans la salle des profs, je croise Jaurès et le questionne sur cette réunion qui avait duré trois heures trente. « L'inspecteur a sous-entendu qu'on était des islamo-gauchistes », s'insurge-t-il. Ce néologisme désigne une proximité supposée entre des idéologies, personnalités ou partis de gauche et les milieux islamiques. « Il a raconté que les Français avaient fait la Révolution pour la laïcité, que ce principe était à la base de tous les autres, continue Jaurès. J'ai levé la main pour dire que les Français avaient d'abord fait la Révolution pour l'égalité et la liberté. Il m'a répondu : "Si vous voulez avoir absolument raison, vous n'avez qu'à faire une thèse." Ça m'a foutu les boules. Et puis, bien sûr qu'il y a des sujets de laïcité qui se posent pour certains élèves, mais la vraie question, c'est surtout que certains enfants ne mangent pas à leur faim, non ?! »

Cette réunion a aussi laissé un goût amer à Kamil, prof de SVT du Paquebot. « L'inspecteur a suggéré que les atteintes étaient d'abord liées à la religion musulmane, franchement les musulmans ont pris leur dose », s'émeut-il, lui-même musulman. Quand l'inspecteur évoque la devise de la France, il intervient : « Je lui ai demandé comment on pouvait parler d'égalité alors que nos élèves vivent des choses injustes du fait de leurs origines. » Kamil explique à l'inspecteur que les profs de SVT réfléchissent aux documents qu'ils projettent aux élèves. « Là, il a affirmé que je me censurais à cause de la religion. Mais quand tu es prof, tu fais toujours attention à tes documents. Alors oui, on a pris le parti de faire des petits bonshommes au lieu de montrer des corps nus parce qu'il y a de la pudeur, culturellement et religieusement, mais le plus important est qu'à la fin, les élèves disposent des connaissances. Je dis toujours à mes élèves que la croyance n'est pas incompatible avec les connaissances. Le danger, c'est l'ignorance ! En réalité, tu peux parler de tout avec eux, il faut juste savoir comment. »

Il y a quelques jours, un collègue a informé Jaurès qu'une de ses élèves avait dit à une camarade que sa mère n'était « pas une bonne musulmane » parce qu'elle ne portait pas le voile. Le prof d'histoire-géo a aussitôt prévu une heure de cours sur la laïcité. En début d'année, il s'était inscrit à une formation sur la laïcité proposée par le rectorat, « intéressé par ce qu'on allait lui raconter » : « C'était lénifiant et inutile, complètement hors-sol par rapport à notre réalité au Paquebot. »

Achille, prof de français, a entendu ma conversation avec Jaurès. « Dans la salle des profs, tout le monde n'a pas la même vision de ce qu'est la laïcité », réagit-il. Achille a 64 ans, dont vingt-deux années passées au Paquebot. Lui ne pense pas que le ministère en fasse trop : « Il faut continuer, car il y a vingt ans, les élèves n'étaient jamais voilées quand elles quittaient le collège. Récemment, une élève de 4e que j'adore a commencé à le porter. Je l'ai signalée à une collègue. Elle m'a répondu : "C'est son choix." Mais comment ça, c'est son choix ? Elle a 14 ans ! »

CHAPITRE 45

BORDÉLISÉE

Cette semaine, Amazone passe l'agrégation. « Ça me permettrait de faire moins d'heures et d'être mieux payée », m'a-t-elle glissé. En son absence, je gère seule sa classe de 4e que nous avons habituellement en co-intervention. Je connais peu les élèves. Ils ont un bon niveau mais peuvent se montrer dissipés. Il est 11 h 35, tout le monde a le ventre qui gargouille. Je sais d'avance que ce cours sera difficile. Je me suis préparée à me détacher émotionnellement si l'ambiance tourne au vinaigre. Je laisse entrer les collégiens dans la salle. Ils jettent leur sac sur leur table, s'invectivent, mettent une éternité à s'asseoir.

– Madame, j'ai pas mon cahier, je pensais qu'on n'avait pas cours, comme notre prof est absente.

– Prends une feuille. S'il vous plaît, vous ouvrez votre manuel page 73.

Trois longues minutes s'écoulent dans le chahut.

– Tout le monde devrait être assis, vous prenez votre manuel page 73. Vous regardez les deux documents, vous les présentez et les analysez.

Deux minutes passent.

– Qui veut aller chez Mme Sankara ?

Le silence s'impose quelques secondes, puis les bavardages reprennent.

– On ne se voit qu'une heure par semaine, si vous ne voulez pas vous mettre au travail, vous sortez.

Assis au premier rang, un élève a gardé son manteau et son sac sur le dos. Je lui signifie mon agacement, mais ma remarque est couverte par le brouhaha des élèves.

– Vous écrivez « grand deux, des sociétés révolutionnées et transformées en France ».

Les bavardages diffus se poursuivent. Impossible d'identifier qui parle ; ce qui est certain, en revanche, c'est que personne n'écoute. Un élève arrive dix minutes après la sonnerie. Je l'envoie chercher un billet de retard.

– Elle est où la prof ? Moi je veux que ce soit elle qui nous fasse cours ! lance une voix dans la classe.

Au premier rang, un élève tente de fixer le bouchon de son stabilo avec de la colle. Un « vivement que notre prof revienne » fuse. Deux élèves se chamaillent.

– Madame, il m'a insulté.

– Bon arrêtez, on dirait des 6e.

– Mon frère est en 6e et il est pas comme ça!

Un « On s'en fiche de ton frère » m'échappe.

– Ça se fait pas, madame!

– Madame, elle revient quand notre prof?

Je procède à l'appel, certains élèves se font passer pour d'autres. Heureusement, quelques élèves se mettent au travail.

– Madame, il m'a dit « il y a ta mère dans l'affiche du manuel », il insulte ma daronne! s'insurge une fille.

Trois surveillants passent leur tête dans l'encadrement de la porte. L'un d'eux crie à un élève: « Ferme ta bouche! Taisez-vous au lieu de raconter votre vie! » avant de se tourner vers moi pour expliquer sa présence: « C'est leur nouvel emploi du temps, il faut leur donner à la fin du cours, sinon ils vont le regarder direct comme des enfants. » Il me tend le tas de feuilles que je dépose sur mon bureau. Les surveillants repartent aussitôt. Des filles discutent au sujet d'un surveillant, racontent qu'il est marié et a un enfant.

J'obtiens enfin le silence pendant cinq minutes, le temps de leur faire copier la leçon prévue par Amazone. Comme je fais défiler un peu trop vite la leçon qu'ils doivent recopier, un « wesh » collectif résonne.

– Calmez-vous ! Et puis c'est quoi, ces wesh ?

– Madame, c'est le langage de la rue, nous, on a grandi dans la *calle*.

La *calle*, soit la rue en espagnol. La classe se transforme en concert de « wesh ». Je ne maîtrise plus rien. Combien de minutes dois-je tenir avant la fin de ce supplice ? Les collégiens testent mes limites, surtout, ne pas le prendre personnellement.

– Pour ceux qui ont fini, vous prenez les documents page 77 sur Napoléon.

Nous étudions les insignes de l'empereur.

– Je ne comprends pas les consignes, il y a trop de mots, lance un élève qui n'a aucun problème de lecture.

La sonnerie retentit. Tous me montrent leur leçon recopiée dans leur cahier pour être libérés. Je m'adresse à un élève qui n'a pas cessé de bavarder : « La prochaine fois, tu prends un cahier de coloriage, comme ça tu t'ennuieras moins et je ne t'entendrai pas. »

À certains moments, il m'est difficile d'être bienveillante. C'est vrai que le collège transforme, peut même rendre méchant, comme me l'avait dit l'Archéologue. Tout est question de savoir maîtriser ses émotions.

Maria, une collègue contractuelle depuis cinq ans, m'avait prévenue quand je m'étais étonnée de ne pas avoir de tuteur : « Les contractuels doivent se débrouiller et entrer seuls dans la cage aux lions. Je viens de vivre ma pire heure depuis que je suis prof. Si une telle expérience m'était arrivée au début de mon immersion, j'aurais quitté la classe en pleurant. » J'ai compris et accepté que le combat pour la mise au travail des élèves, l'obtention de leur concentration, le bruit et le chahut faisaient partie de mon quotidien.

CHAPITRE 46

WHITOS

Depuis que ma relation avec Serena s'est apaisée, les filles de la 3e Flemme ont pris l'habitude de rester avec moi après les cours. Elles se regroupent autour de mon bureau pendant que je termine ce que j'ai à faire avant de partir en pause. Elles me racontent les derniers potins de la classe, se chambrent. Une complicité s'est installée entre nous.

Ce matin, Serena, Inès et Nour bavardent en cours. Je leur demande tranquillement de se taire. Comme elles continuent, je leur demande :

– Mais de quoi vous parlez encore ?

– Du traité de Versailles, me taquine Inès.

– Non, rétorque Serena, on parle de mecs.

Elles éclatent de rire.

– L'avantage, avec Serena, c'est qu'elle est toujours sincère, dis-je.

– Madame, Serena dit qu'elle veut pas se marier avec un Malien, mais avec un *whitos*, ajoute Inès.
– C'est affectueux *whitos* madame, sourit Serena.

CHAPITRE 47

FRUSTRATION

À midi, Barbe noire débarque furieux en salle des profs. Il vient de « défoncer » ses 4e. Ce prof d'histoire-géo a la réputation de bien tenir ses classes. Surtout, il sait hameçonner son public, ses cours sont un échange permanent. Un jour que j'étais avec lui en co-intervention, ses élèves copiaient leur leçon sans cesser de lui poser des questions. Lui y répondait inlassablement. Je lui avais demandé : « Tu ne te tais jamais pendant tes cours ? » Il avait répondu : « Non, je déteste le silence, ça me stresse. Et je m'ennuie quand ils écrivent, ils me manquent. »

Ce jour-là, dans la salle des profs, il explique que quelques jours plus tôt, il a interrogé son neveu de 10 ans sur la Révolution française. Celui-ci connaissait sa leçon sur le bout des doigts. « J'ai chialé, pas parce que j'étais fier de lui, mais parce que j'avais honte de nous. » Il a raconté cet épisode à ses élèves en précisant que c'étaient peut-être les profs qui « déconnaient » depuis le primaire à ne pas leur dire de relire leurs leçons tous les soirs. « Nos élèves ne savent pas apprendre par cœur ! »

Pour lui, le pire vient de sa frustration devant le gâchis du potentiel de ces élèves qui regardent son cours comme la télévision. « Dès que je dis un truc compliqué, ils cessent d'écouter, comme s'ils zappaient. »

La solution, selon Barbe noire ? « Casser la télé qu'ils ont chez eux » et réserver les premières minutes de cours pour une évaluation. « Le problème, c'est que si j'applique cette règle, je vais passer ma vie à faire des corrections. » En me racontant cet épisode, Barbe noire se calme peu à peu. « Je n'ai pas été très cool avec eux en leur disant que chez eux, il fallait que ça rebondisse, que leurs parents consultent leur agenda… Mes élèves avaient l'air un peu honteux. En fait, on les materne trop ! Certes, la situation dans le quartier n'est pas facile, mais certains n'en branlent pas une, et nous, on galère parce qu'ils n'apprennent pas leurs leçons et qu'en primaire, certains profs et parents n'ont pas fait le travail. »

Au Paquebot, de nombreux parents restent à distance de l'école. La Chamane m'avait expliqué que selon elle, leur implication jouait pourtant un rôle essentiel dans la réussite scolaire de leur enfant : « Je le dis aux familles, vous n'avez pas besoin de comprendre, votre enfant sait comprendre, il vous aide pour les papiers administratifs, par exemple. L'important est que le gamin ait son temps d'attention. » Elle m'a raconté que dans certaines familles, les Tamouls notamment, « les mamans faisaient semblant ». Elles regardent l'agenda de leur enfant et leur font réciter leur leçon « sans rien comprendre de ce qu'elles lisent. Les enfants ne sont pas dupes, ils saisissent juste que l'école est importante pour leurs parents donc s'y investissent. »

CHAPITRE 48

INCLUSION

Maryam s'approche timidement de mon bureau à la fin de notre cours du vendredi matin. Elle me tend un porte-clés. Dans un cadre transparent, la photo d'un bébé. « Madame, regarde, c'est ma sœur », me dit-elle doucement. Maryam est la seule élève à me tutoyer. Elle est scolarisée dans la classe Ulis du collège, dont l'objectif est d'intégrer des enfants en situation de handicap dans le cursus classique. En 2013, la loi sur la refondation de l'école consacre pour la première fois le principe d'inclusion scolaire. Le droit à l'éducation pour tous les enfants, quel que soit leur handicap, devient « un droit fondamental ». Le nombre d'enfants en situation de handicap scolarisés en milieu ordinaire est passé de 321 500 à 430 000 entre 2017 et 2022.

La classe Ulis du Paquebot compte une dizaine d'élèves. Les cours y sont dispensés par une enseignante spécialisée. Quelques heures par semaine, les enfants se joignent à nos cours avec leur AESH.

Maryam intègre deux heures par semaine ma 6e Curieuse. Elle peut compter jusqu'à 60 et son niveau de français équivaut à celui d'un élève de CP. Elle est perdue quand les textes sont trop implicites ou les phrases trop longues. Souvent, l'esprit de Maryam s'évade. Sonia, son AESH, la ramène à la réalité. Elle lui réexplique en direct le cours, l'aide à copier la leçon ou à faire les activités. En ce moment, Sonia est en arrêt maladie et n'est pas remplacée – cela risque de durer un mois et demi. « Il n'y a plus d'argent pour un remplacement », m'a informée la Cheffe.

Depuis cinq ans, le nombre d'AESH a augmenté de 55 %, mais selon une enquête du syndicat des chefs d'établissement (SNPDEN-UNSA) publiée en 2021, 44 % des personnels de direction du second degré manquaient d'au moins un AESH le jour de la rentrée 2022. Avec des emplois majoritairement à temps partiel et un salaire en dessous du seuil de pauvreté, les candidats manquent à l'appel.

J'avais discuté avec Sonia avant qu'elle ne parte en arrêt. Elle se disait épuisée d'être « le petit cerveau des élèves », 35 heures par semaine payées 995 euros net par mois. Contrairement aux profs, elle ne bénéficie pas de la prime REP+[28]. Diplômée d'une licence d'administration économique et sociale, Sonia s'en sort grâce au salaire de son mari qui travaille dans le bâtiment. « Je reste, parce que je suis attachée aux gamins et fière quand je vois dans leur copie qu'ils écrivent des choses que je leur ai apprises. »

Sans Sonia, Maryam est restée la plupart du temps à ne rien faire dans mon cours. Impossible pour moi de l'aider à faire les activités, car cela m'aurait obligée à délaisser les 24 autres élèves. J'ai parfois photocopié ou recopié mes leçons, tout en sachant que cela n'avait aucun intérêt pédagogique. J'ai cependant observé quelques progrès. Maryam a écrit un titre de chapitre projeté au tableau sans que je lui demande de le faire. Elle a recopié une partie de la leçon, quatre phrases, d'une écriture lente et appliquée. Elle m'a confié, ce jour-là, avoir aimé le chapitre sur l'Égypte.

---

28. En avril 2022, le syndicat SUD éducation a gagné un recours au Conseil d'État concernant le non-versement de l'indemnité REP/REP+ aux AESH qui perçoivent désormais une prime annuelle de 3 263 euros brut en REP+.

CHAPITRE 49

C'EST RÉUSSI

Le niveau sonore de mes classes prouve que les élèves covidés ou cas contact sont de retour. Énième heure trop bruyante avec ma 3e Flemme ce mercredi. J'ai failli exclure Demba et Jordan de mon cours. La Fougue, leur prof de français, est en arrêt depuis trois semaines sans être remplacée. Clairement, les élèves se relâchent.

Demba, 14 ans, 1,90 mètre. La démarche nonchalante, le tchip facile, le sourire en coin. Cet élève me fait peur. Souvent dissipé, il s'installe au fond de la classe et entraîne la bande de garçons du dernier rang à chahuter. Sa prof de maths a pris rendez-vous avec sa mère. J'en profite pour demander à la voir aussi.

Nous nous installons dans la salle des parents. « Je ne veux plus qu'il se mette à côté de ses copains, s'énerve sa mère. Vous le mettez où vous voulez, c'est vous la patronne en classe. S'il n'est pas content, appelez-moi. » Assis à côté d'elle, Demba est redevenu un petit garçon. Il souhaite aller en seconde générale, mais sa moyenne tourne autour de 8 sur 20. Inquiète, sa mère me partage ses réticences à l'idée qu'il aille en lycée professionnel. Son aîné est passé par là et elle en garde un souvenir catastrophique : « Il faut le voir pour le croire, c'est n'importe quoi, il n'y a aucun suivi, pas de sécurité, des élèves rentraient pour se battre. Une vraie passoire ! Peu d'entre eux trouvaient des stages parce que les entreprises voyaient qu'ils venaient de ce lycée, alors ils étaient *persona non grata.* » Elle s'adresse à Demba qui garde la tête baissée : « Dehors ce sont les copains, en classe tu penses à toi, tu penses à ton avenir. »

Le soir même, à 22 h 45, je me lance dans la confection d'un plan de classe pour ma 3e Flemme. J'applique la règle une fille à côté d'un garçon, mais cette fois-ci, j'essaye de prendre en compte leurs personnalités. Je place Demba au premier rang à côté de Deepali, sympathique et excellente élève. Youssef, le nouveau, à côté de Maryline, l'aspirante joaillière ; Adam, le premier de la classe, entre Serena et Kali, qui ont besoin d'être motivées. Je dispatche les garçons du dernier rang un peu partout dans la classe.

Le lendemain, aucune protestation sur le pas de la porte quand je leur indique leur nouvelle place, et pas un bavardage pendant une heure. « Franchement, c'est réussi ! » me félicite Sohane.

CHAPITRE 50

LES PETITS QUARTIERS

Pour introduire mon cours sur les migrants avec ma 4e Ardente, je leur ai demandé d'interviewer une de leurs connaissances née en dehors de la France. À tour de rôle, ils viennent placer sur une carte projetée au tableau le pays d'origine de la personne, en indiquant aussi son âge et les raisons de son départ.

La plupart des élèves du Paquebot ont des parents immigrés. Ils viennent d'Afrique de l'Ouest, d'Asie de l'Est, d'Europe de l'Est, de Turquie et du Maghreb. En France, la ségrégation ethnique de l'école est particulièrement forte : 60 % des élèves dont les parents sont nés au Sahel ou en Asie de l'Est sont scolarisés dans des établissements défavorisés, contre 13 % des élèves en moyenne[29].

---

29. « Les enfants d'immigrés à l'école : l'origine sociale des inégalités scolaires », Fondation Jean-Jaurès, 2019.

Cette relégation, liée à une ségrégation urbaine, n'échappe pas à mes collégiens. Pendant un cours sur la laïcité, Florent, un élève de 6e, m'a questionnée, l'air chagriné : « Pourquoi il n'y a pas beaucoup de Français ici ? » Il voulait dire des Blancs. J'avais alors utilisé ma plus belle langue de bois en déclamant un discours consolant : « Certains d'entre vous ont la nationalité française et d'autres pourront la demander dans quelques années. »

L'exercice que j'ai donné à ma 4e Ardente semble avoir enthousiasmé les élèves. Zafer me supplie de le laisser lire son interview, je lui donne la parole. Il se racle la gorge et plonge les yeux dans son cahier. « C'est l'histoire de mon grand frère. Il a 20 ans, il est en troisième année d'ingénieur, il veut devenir ingénieur de travaux. Il a grandi dans cette ville. Il est passé par le Paquebot et le lycée d'à côté. Il sait parler quatre langues, le français, le turc, l'espagnol et l'anglais. Être Français, pour lui, c'est être libre. Il n'a aucun souci pour que je vous raconte son histoire car cela permettrait de montrer que même si nous vivons dans des quartiers défavorisés, nous pouvons étudier dans les plus grandes écoles de France. Selon lui, la réussite à l'école passe par l'ambition de réussir, nous devons nous fixer un objectif car cela nous permettra de savoir vers quel domaine d'études nous devons nous orienter. »

Un épais silence, si rare, enveloppe la classe. Il se prolonge quelques secondes avant d'être brisé par des applaudissements.

– Vive la Turquie ! crie Riley.

– Les Noirs, c'est mes frères ! rigole Zafer, fier de sa prestation.

– Il a raison, ton frère, c'est pas parce qu'on vient des petits quartiers qu'on peut pas aller loin, s'enthousiasme Yasmine. Les cités sont mal vues, parce qu'on est des Noirs et des Arabes.

– De toute manière, les entreprises vont pas nous faire bosser parce qu'on vient d'une cité, observe Riley.

– Les racistes ont peur de nous, ils pensent qu'on fait rien et qu'on veut pas travailler, ajoute Sofiane.

Je me souviens que Yanis, en 6e, avait raconté qu'il jouait dans un parc quand une femme lui avait dit en avoir marre de « voir des Noirs ». « Pourquoi le racisme existe ? » avait réagi Kadidia. Je n'avais pas su quoi répondre. Une autre élève de 6e s'était mise à parler d'Éric Zemmour. « Pourquoi il veut qu'on ait tous des prénoms français ? C'est pas très gentil ! » Elle avait raconté devant ses camarades avoir fait un test sur un site Internet qui proposait de franciser les prénoms. Quand elle avait rentré le sien, le site lui avait proposé « Marcel ». « C'est un prénom de garçon en plus… »

CHAPITRE 51

LE STEAK

« Un poste en arts plastiques est supprimé. On perd six heures en musique, et un poste en maths saute aussi », égrène Marguerite, prof de français.

– C'est mon poste, ça ! réagit Samir, prof de maths contractuel.

– Ça fait des années qu'on perd des heures, s'agace Faiza, et c'est d'une violence incroyable !

Ce premier jeudi de février, nous sommes 35 agglutinés dans la salle des profs pour une réunion syndicale. Tout le monde est tendu. À l'ordre du jour, la « DHG », sigle pour dotation horaire globale, le nerf de la guerre dans le combat pour les moyens. Chaque année, en janvier, les chefs d'établissement découvrent l'enveloppe d'heures de cours, c'est-à-dire le nombre de postes de professeurs dont ils disposeront pour assurer les enseignements obligatoires l'année suivante, créer des options ou réserver des heures en demi-groupe. Cette enveloppe représente le bien le plus précieux des établissements. L'attribution de ces heures par la direction générale de l'enseignement scolaire (Dgesco) dépend du nombre d'élèves et de classes dans l'établissement, de l'offre de spécialités et d'options ou encore de la composition sociale des classes. Comme le Paquebot accueillera 35 collégiens de moins l'an prochain, l'enveloppe de cette année est plus basse que celle de l'année précédente.

Les chefs d'établissement doivent ensuite effectuer une somme d'arbitrages pour savoir quels postes maintenir, réduire ou supprimer, en prenant plus ou moins en compte les demandes et besoins des enseignants. « La DHG, c'est un steak que tu jettes sur la table, les profs des différentes matières se battent auprès des chefs d'établissement pour ne pas perdre leur part », résume l'Archéologue.

Cette année, la Cheffe pouvait envoyer des profs d'histoire-géo faire des heures dans un autre collège ou leur attribuer des heures de co-intervention au Paquebot. Elle a choisi la seconde option. « Ça nous sauve les miches avec

Jaurès, comme on est les derniers arrivés », souffle l'Archéologue. Travailler entre deux établissements est une hantise pour beaucoup de profs.

À partir de ce nombre d'heures allouées, la Cheffe décide ensuite du nombre de classes par niveau. Moins d'heures signifie au bout du compte moins de classes, et potentiellement des classes plus chargées. La principale a décidé pour l'année prochaine qu'il y aurait six 6e avec 26-27 élèves dans chacune, cinq 5e avec 27-28 élèves, sept 4e de 23 élèves, et enfin six 3e de 25 élèves. Les futurs élèves de 4e seront moins nombreux car ce sont les CM2 du confinement, ils concentrent beaucoup de difficultés.

– On devrait pas avoir moins d'élèves par classe puisqu'on est en REP+ ? demande une prof arrivée cette année au Paquebot.

– Dans l'académie de Versailles, lui répond Amazone, le seuil ne devrait pas dépasser 24 élèves, ce qui était encore le cas il y a quelques années. C'est 30 élèves dans les autres établissements.

– En fait, rebondit Marguerite, il n'y a rien d'écrit, mais le tabou de ne pas toucher aux effectifs a sauté ces dernières années. Pourtant, on sait que chez nous, 28 élèves par classe, c'est minimum cinq cas sociaux. Donc l'augmentation des effectifs impacte nos conditions de travail, et ça veut dire qu'on va laisser des élèves sur le bord de la route. Et encore, on a la chance d'avoir une assistante sociale !

– Si elle reste, lâche Magali.

Amazone conclut que nous devons montrer « notre mécontentement ». Depuis trois ans, les enseignants du Paquebot refusent systématiquement la DHG. Ils rédigent une motion en expliquant les raisons de leur opposition, motion qu'ils envoient au directeur académique. Ils établissent ensuite leur DHG idéale, puis demandent une audience au directeur académique pour la présenter. Au terme de cette audience, les profs arrivent parfois à récupérer plus d'heures.

Magali profite de la fin de la réunion pour alerter sur la situation des assistantes sociales. Ses 42 heures légales de travail hebdomadaires se rapprochent davantage de 50 heures. « J'ai accepté ce poste car je crois dans le service public et dans le projet social du secteur. Mais si je pars, personne ne voudra prendre le relais. Il faut être masochiste pour accepter d'être payée une misère avec une telle charge de travail. On entend souvent que les travailleurs sociaux ne bossent pas pour l'argent, mais je ne suis pas bénévole ! Ce métier est épuisant ; si tu es exigeante, ça tourne à la maltraitance, à la limite de l'esclavage. » Mr Martens pointe, lui, le fait que l'Éducation nationale ne compte que 82 médecins du travail pour 1,2 million d'agents. « Il faut remettre ces sujets sur la table parce qu'à un moment ça va craquer, ça va être France Télécom. »

Un vote à main levée vient clore la réunion.
– Qui vote pour que les représentants au CA votent contre la DHG ?
– Levez bien haut les mimines !
– J'ai compté 33 sur 33. Trois procurations, deux abstentions.

CHAPITRE 52

BON COURAGE POUR CORRIGER

À mon arrivée au Paquebot, j'ai intégré plusieurs groupes WhatsApp : celui de l'Amicale des profs du Paquebot, celui réservé aux échanges syndicaux, un autre avec les cinq membres de l'équipe d'histoire-géo. L'Archéologue en a créé un nouveau pour discuter du brevet blanc d'histoire-géo. Nous avons longuement échangé autour du contenu du brevet pour nous assurer que nos élèves ne soient pas perdus le jour J, et nous avons passé un mercredi après-midi à rédiger les épreuves. Car si nous suivons tous le même programme, nos cours diffèrent.

Une fois l'examen blanc terminé, nous avons chacun hérité d'une quarantaine de copies anonymisées. Face aux travaux rendus par les 3e, le groupe WhatsApp « Brevet blanc » est gagné par le désespoir. « Les soldats se battaient avec des bombes acryliques », « c'est un paintball en fait le truc », se moque l'Archéologue qui corrige un exercice sur la Première Guerre mondiale. En enseignement civique et moral, les élèves devaient présenter une élection. L'un d'eux a choisi celle de Miss France. « Et selon les élèves, c'est nous qui notons mal… » commente Jaurès. Dans une de mes copies, un élève me prévient : « Désoler d'être nul, j'ai fait de mon mieux, bon courage pour corriger (*sic*). »

Barbe noire commence à son tour les corrections. Il nous envoie un extrait, toujours sur WhatsApp : « Marie Curie a créé la machine à radio ». « Quand je vois ça, je ris puis je pleure, puis j'arrête de corriger. Et des soldats blessés par des pièges à animaux… quelqu'un a raconté ça en cours ? » nous écrit-il. L'Archéologue embraye : « La première année, j'aurais cherché à réécrire une phrase correcte contenant les idées de l'élève pour en faire quelque chose de logique, mais là, c'est plus possible. »

Je ne ressens aucune méchanceté dans ces petites moqueries. Plutôt un moyen de diluer l'abattement que peuvent susciter certaines copies quand vous avez passé dix heures à étudier un chapitre en classe et que vous vous rendez compte que quelques-uns n'ont rien compris. L'Archéologue nous nargue en prétendant avoir terminé ses corrections. La moyenne de son paquet de copies est très basse, 7,84 sur 20. Je réagis dans la conversation : « Peut-être qu'on explique mal, aussi ? » « Vous, c'est sûr ! » nous taquine l'Archéologue.

CHAPITRE 53

QUAND EST-CE QU'ON VA PARLER D'HITLER ?

« Quand est-ce qu'on va parler d'Hitler ? » Cette question revient souvent dans la bouche de mes élèves. J'avais observé le même phénomène au Navire. Le Führer et la Seconde Guerre mondiale en fascinent quelques-uns. J'ai moi-même un souvenir précis d'une photo présentant des rescapés d'un camp de concentration que nous avait projetée mon prof de 3e.

Jaurès vient de bénéficier d'une visite-conseil, le stade en dessous de l'inspection. Pas de rapport, de note ni de changement d'échelon à l'issue de celle-ci, mais un simple retour sur la pratique. L'inspectrice est venue l'observer lors d'un cours sur la Shoah. Elle lui a fait remarquer que l'équipe d'histoire-géo du Paquebot avait deux mois de retard sur le programme, mais il en est sorti content « d'avoir pu montrer qu'on peut enseigner la Shoah en banlieue, que les élèves prennent cet événement avec la gravité qu'il faut ».

Jeudi, 16 heures, à mon tour de préparer mon cours sur le sujet. Je travaille sur mon PowerPoint quand Barbe noire passe une tête dans ma salle. Une immense photo d'une étoile jaune est projetée au tableau. « Le programme hardcore des 3e me déprime, avec toutes ces guerres et ces millions de morts », soupire-t-il. À chaque fois qu'il fait cours sur la Shoah, il a les larmes aux yeux. Il est juif, sa famille vient d'Algérie. « Certains élèves pensent peut-être que je suis musulman. » Il se souvient encore que l'année dernière, dans le feu de l'action, il a laissé échapper un « nous, les juifs » en cours. Il veille pourtant toujours à respecter l'obligation de neutralité à laquelle les enseignants sont soumis.

« Tu as déjà eu des problèmes d'antisémitisme dans tes cours ? » je le questionne. « Une phrase du style "les juifs sont riches", rien de plus. En fait, les élèves ne savent pas ce qu'est un juif. Ni un chrétien, d'ailleurs. Alors j'aime bien leur en parler, c'est important qu'ils sachent ce que c'est. » Dans la ville du Paquebot, musulmans et juifs ont vécu côte à côte pendant des décennies.

Mais depuis une quinzaine d'années, les familles juives ont déménagé.

Après avoir révisé la chronologie de la Seconde Guerre mondiale, j'ai donné aux élèves une activité sur le ghetto de Varsovie, sur laquelle ils ont travaillé consciencieusement. Je leur projette ensuite des photographies de la Shoah. Sur l'une d'elles, une mère ukrainienne porte son enfant en tentant d'échapper à un soldat qui pointe un fusil sur eux.

– Mais la maman a un enfant dans les bras ! Les petits aussi, ils les tuaient ? interroge Serena.

– Oui, ils sont sans doute tous morts, je réponds.

Je leur projette des photos du camp d'Auschwitz, des plans de son architecture, des uniformes de juifs dans les camps. Quand les images sont trop dures, je remarque que Demba émet de drôles de bruits, comme pour détourner l'attention. Je leur explique alors comment fonctionnait un camp d'extermination. Ils m'écoutent attentivement. Une fois ma présentation terminée, les questions fusent : Qu'est-ce qu'ils faisaient dans les camps toute la journée ? Qu'est-ce qu'ils faisaient des cendres ? Comment c'est possible qu'on ait fait ça ? Est-ce qu'on savait ce qu'il se passait à l'époque ? Si ta mère était juive et ton père allemand, tu étais tué aussi ? Pourquoi les nazis n'aimaient pas les juifs ? Pourquoi les juifs n'ont rien dit ? Être contre les juifs, c'est une forme de racisme ? Et le gouvernement français, il a tué des juifs aussi ?

Je tente de juguler le flot de questions quand Christophe intervient.

– Est-ce que les juifs ont toujours été aussi puissants ?

Je lui demande de préciser ce qu'il entend par « puissants ».

– Toujours aussi riches, quoi.

– Ils ne sont pas tous riches ! je rétorque. Sur quoi tu te bases pour dire ça ?

– Devant chez moi, il y a un juif qui a une belle voiture.

Toute la classe se moque de Christophe. Je le reprends, un peu agacée.

– Donc tu vois la voiture de ton voisin et tu penses que tous les juifs sont riches ?

– C'est faux ?

– Bien sûr, tu fais une généralité idiote !

– Il parle sans savoir, madame, certifie Demba.

Je poursuis avec un témoignage vidéo que l'Archéologue m'a conseillé, celui de Benjamin Orenstein, un rescapé des camps. La salle est plongée dans le noir et dans un silence total.

Pendant une dizaine de minutes, Benjamin Orenstein raconte sa déportation face caméra. Maryline rallume les lumières. Je leur demande ce qu'ils ont ressenti. J'ai moi-même les larmes aux yeux. Kali avoue avoir failli pleurer quand Benjamin Orenstein raconte le dernier au revoir de son père. Gabriel veut savoir si Benjamin Orenstein est encore en vie. Je vérifie tout de suite sur Internet. Il est mort un an plus tôt.

CHAPITRE 54

VIVEMENT LES VACANCES

Il est 8 heures. Je suis affalée sur une chaise dans la salle des profs, épuisée. La veille, avec quelques collègues, j'ai fêté mon anniversaire et celui de Chérubin dans un bar. L'Archéologue avait lancé cette proposition. Résultat : nous avons bu des bières jusqu'au milieu de la nuit, et ce matin, je ne me sens pas fraîche.

Je fais entrer ma 4e Ardente pour une heure de co-intervention avec Jaurès. J'entends mon collègue crier au bout du couloir et le vois séparer Moussa, Madi et Daouda qui se battent. Jaurès prend leurs carnets.

À la fin de l'heure, les trois garçons se présentent à mon bureau. Je ne connais pas l'origine de l'altercation. Ils bredouillent quelques phrases incohérentes puis éclatent de rire. Jaurès s'énerve.

– On est tous fatigués, ne nous sortez pas vos histoires. Ça parlait de porno sur un portable.

Le mot « porno » dans la bouche de Jaurès les fait bondir de gêne et me déclenche un rire nerveux.

– Oui, vous regardiez du porno dans les toilettes, lâche Madi.

– Non, tu dis n'importe quoi, assure Moussa.

– Bon sortez, tranche Jaurès, on va faire un rapport d'incident à Mme Sankara et vous verrez avec elle.

Ces derniers jours, sans doute à cause de la fatigue accumulée par chacun depuis les dernières vacances, tout se délite. Je n'arrive plus à faire l'appel au début de chaque cours ni à remplir correctement le cahier de texte sur l'ENT. Les nouveaux plans de classe se multiplient un peu partout chez les collègues, preuve d'un bordel généralisé.

L'ambiance dans la 6e Clash se dégrade. Quelques élèves s'en sont plaints. Le Président, Zhora, leur prof principale, et Juliette, leur prof d'anglais, ont organisé un conseil d'élèves pour trouver des solutions. J'y suis conviée. Des chaises sont disposées en cercle dans une classe. Les bons élèves s'assoient d'un côté, les perturbateurs de l'autre. Les premiers proposent d'exclure et de mettre plus d'heures de colle. Les seconds ne sont pas d'accord. « Je suis énervé parce que tout le monde reste campé sur ses positions », dit le Président. « On va prendre nos décisions sans vous demander votre avis », ajoute Juliette. Depuis des mois, Zhora réclame des sanctions plus fermes auprès de la vie scolaire, mais a l'impression que le Président est trop indulgent. Le Président, de son côté, demande qu'on rédige des rapports d'incident pour pouvoir contacter les parents.

À la fin du conseil, une élève explique que la classe a créé un groupe Snapchat et que des moqueries et insultes y sont échangées. Mal à l'aise, certains élèves ont quitté le groupe. « Chaque classe a son groupe Snap, alors que les 6e ne sont pas assez matures pour ça, mais le vrai problème est qu'on ne voit pas ce qu'il s'y passe », concède le Président qui a deux enquêtes sur le feu. Une élève prétend que deux camarades de 6e ont couché ensemble. Le Président a convoqué quatre collégiens pour connaître le fin mot de l'histoire. Une fille a été retrouvée avec onze stylos quatre couleurs volés dans sa trousse.

Ma journée terminée, je passe dans le bureau de Mme Sankara pour lui déposer mon rapport d'incident sur l'histoire du porno dans les toilettes. « Je n'en ai jamais reçu autant ! » soupire-t-elle quand je pose le mien sur son bureau. « Des bagarres, de l'insolence… et souvent les mêmes élèves. Les 4e sont insupportables, je n'en peux plus ! Je compte les jours avant les vacances… » Moi aussi.

CHAPITRE 55

EST-CE QU'ON EST ASSEZ AMBITIEUX ?

Faiza m'a invitée à déjeuner dans le laboratoire des profs de SVT, au premier étage du Paquebot. Elle y mange tous les midis, sur une table dressée entre les microscopes et les tubes à essai. Faiza a grandi ici même, dans les années 1970. Elle a été scolarisée dans le collège voisin et a débuté sa carrière au Paquebot il y a vingt ans. Elle considère l'établissement comme une deuxième maison, sa seconde famille. « Je tiens parce que les gamins sont attachants », dit-elle. Cette année, elle a sauté le pas et a demandé sa mutation dans un lycée.

Faiza me raconte ses souvenirs de jeune prof, quand le redoublement était encore autorisé. Depuis 2014, il est interdit excepté si la famille en fait la demande. En cause : un coût estimé à deux milliards d'euros[30] et une inefficacité sur « les performances scolaires à long terme », selon le Conseil national d'évaluation du système scolaire[31]. À l'époque, certains des élèves de Faiza avaient donc 17 ans. « Les flics venaient en chercher au collège et les menottaient, raconte-t-elle. Certains étaient des caïds qui dealaient, mais ils nous respectaient parce qu'on était leur prof. » Elle évoque une première génération de parents venue d'Algérie ou de Tunisie, comme les siens, « plus durs mais qui ne cherchaient pas à être amis avec leurs enfants, qui avaient des valeurs, une culture et des origines qu'ils transmettaient à leurs enfants. Aujourd'hui, certains parents ne jouent plus leur rôle, et les gamins ne vont plus dans leur pays d'origine alors qu'en France on leur dit qu'ils ne sont pas Français. Ils sont perdus, ils ne savent pas qui ils sont. »

Les parents de Faiza habitent toujours le quartier. Elle a déménagé dans une banlieue plus calme et cossue il y a quelques années. « Tu te rends compte que la vie est dure dans le quartier une fois que tu le quittes. » Elle liste les désagréments : les motocross qui vrombissent dès qu'il

30. Rapport de l'Institut des études publiques, 2015.
31. Rapport du Cnesco, 2015.

fait beau, ne pas pouvoir se balader tranquillement à n'importe quelle heure, les fusillades, la drogue. « Quand ton fils de 6 ans te dit que ça sent le shit, tu prends conscience que c'est peut-être le moment de partir », plaisante-t-elle.

Faiza se bat pour que ses élèves comprennent que « leur clé, c'est l'école, pas le deal ». « Je suis sévère, mais c'est pour leur bien, parce que certains n'ont personne d'autre qu'un prof sur qui compter. » Elle se souvient d'un élève qui vivait avec sa grand-mère. Ses parents avaient refait leur vie sans lui. Faiza tenait « le rôle de l'autorité et du cadre ». Elle a passé le confinement à l'appeler pour vérifier qu'il faisait ses devoirs : « On s'est hurlé dessus, on est passé par toutes les phases, il est finalement passé du pire élève à la limite du conseil de discipline aux félicitations du conseil de classe. Être prof, c'est de l'humain, donc parfois, ça prend du temps de construire la confiance. »

Quand elle voit des collègues manquer d'exigence ou baisser les bras, elle s'interroge : « Est-ce qu'on est assez ambitieux pour eux ? Est-ce que certains profs ne les sous-estiment pas ? Est-ce qu'on leur offre le même contenu que si on enseignait ailleurs ? La bienveillance est nécessaire, mais on accepte des choses qu'on ne tolèrerait pas dans d'autres établissements, sur les devoirs ou sur l'apprentissage des leçons, par exemple. Alors que l'égalité des chances, c'est ça, aussi ! » s'emporte-t-elle.

La fille de Faiza a été scolarisée deux ans dans un autre collège du quartier. C'était la meilleure élève de sa classe. « Son prof de français ne faisait que leur passer des films. » Un jour, sa fille écope d'une heure de colle parce qu'elle a refusé de réexpliquer le cours à un élève en difficulté comme l'exigeait son prof. Faiza prend rendez-vous avec l'enseignant. Elle le laisse parler, se garde bien de lui dire qu'elle-même enseigne, puis finit par lui demander pourquoi il ne donne pas de livres à lire à ses élèves. « Il m'a répondu : "À quoi ça sert de leur donner des livres, de toute manière ils ne lisent pas ?" Là, j'ai vrillé. Si on part du principe qu'ils sont nuls, ils vont rester nuls. » Faiza finit par lui avouer son métier. Gêné, l'homme promet de donner des livres à lire à sa fille. « Certains profs en profitent parce que les parents ne sont pas là », ajoute Faiza.

Après le déménagement, Faiza a changé sa fille de collège. À partir de là, la première de classe a vu sa moyenne plonger à 7 sur 20. Elle a mis trois mois à rattraper son retard. « Là-bas, les profs ne cherchent pas les petits points dans la notation, ils te cassent ou ils te mettent un contrôle qui n'a rien à voir avec le cours. Si on fait ça ici, les élèves nous mettent le feu. Mais on doit pouvoir trouver un juste milieu… »

Faiza, elle, ne donne pas d'autres choix à ses élèves que d'apprendre. Dans une de ses classes qui ne travaillaient pas en début d'année, elle a programmé un contrôle au début de chaque cours et a collé quinze élèves. Selon elle, les élèves détestent l'injustice, mais réclament de l'autorité. « Il y a quelques années, une élève connue pour être capable de te retourner un cours m'a dit : "Le prof de maths s'en fout de nous, il s'en fout qu'on réussisse ou pas." Je lui ai dit que ce n'était pas vrai, qu'il était gentil. Elle m'a répondu : "S'il voulait vraiment qu'on réussisse, il nous dirait stop quand on fout le bordel." »

CHAPITRE 56

LES FEMMES À LA CUISINE

Les garçons de la 3e Flemme entrent en classe en débriefant le match PSG-Real Madrid de la veille. J'aime bien les mercredis matin avec eux. Ils sont attentifs – ou peut-être simplement pas tout à fait réveillés. Les relations se sont tendues entre les filles et les garçons de cette classe. J'ai remarqué depuis quelque temps que certains garçons s'amusaient à faire des moulinets avec leur main comme s'ils faisaient tourner une cuillère dans une casserole. Souvent, ils murmurent « la place de la femme c'est à la cuisine » en regardant les filles. Je les ai repris une fois, sans comprendre d'où sortait ce geste. L'Archéologue m'a expliqué que la phrase venait du prêche d'un pasteur qui répétait ces mots avec ferveur devant un parterre d'hommes conquis. La vidéo de ce prêche a été vue des centaines de milliers de fois. Après avoir sermonné les élèves, je leur avais glissé qu'à l'occasion, nous travaillerions sur cette question de l'égalité.

À la pause, Sohane vient me voir pour savoir quand le débat aura lieu. « Nous, les filles, on a des choses à dire », déclare-t-elle, la mine grave. Je lui promets d'en organiser un bientôt.

Après la pause, nous abordons la France de Vichy. Au premier rang, Demba et Deepali s'invectivent. « Qu'est-ce qu'il se passe ? » je demande. « Il me gêne », m'affirme Deepali. Demba a encore fait le moulinet avec ses mains. Je lui crie d'arrêter.

– Elle aussi me gêne, madame, s'insurge Demba, mais vous lui dites rien ! De toute manière, vous défendez les filles, on le sait, vous êtes de leur côté.

– Je les défends quand votre comportement n'est pas acceptable, et tu viendras m'expliquer à la fin du cours en quoi Deepali te gêne.

Je reprends le fil du cours, projette une affiche de propagande pétainiste. En haut, le slogan « Travail, Famille, Patrie », en bas une femme s'occupant de ses enfants. Je profite de cet exemple pour demander à Demba son interprétation. « Que les femmes doivent s'occuper des enfants. » Soudain, un « c'est bien, je vois pas où est le problème » fuse dans la classe. Les filles dégoupillent.

– Tu crois quoi ? s'insurge Sohane. Que notre place est dans la cuisine ?

– Mais si les femmes ont envie de rester tranquillement à la maison et garder les enfants ? rebondit Ziad. L'homme est là pour rapporter l'argent.

Cette phrase me rend folle. À mon tour, je perds mon calme.

– Tu as déjà gardé des enfants ?! je questionne Ziad.

– Oui.

– Et tu as envie de faire ça toute ta vie ?

– Non, mais les femmes aiment bien.

– Qu'est-ce que tu en sais ?

Je reprends le fil du cours. Quand la sonnerie retentit, je leur annonce que nous organiserons le débat dès le prochain cours. Quand Demba se lève, je lui demande s'il veut m'expliquer en quoi Deepali le gêne. « Non, c'est bon, c'est passé. »

En salle des profs, je raconte le cours à Amazone. Ma collègue me suggère de sanctionner les garçons : « Le débat c'est bien, mais il faut qu'ils comprennent que c'est du sexisme et que c'est condamné par la loi. Je trouve que parfois, on laisse trop couler. »

CHAPITRE 57

LE DÉBAT

Je débats pour la troisième fois avec des collégiens. J'ai déployé les grands moyens pour que tout se déroule dans les meilleures conditions : les chaises sont installées en cercle dans la salle et j'ai apporté un bâton de parole. Ils doivent lever la main pour avoir le bâton et seul celui qui l'a peut parler.

– On est obligé de faire ce débat ? commence Gabriel.

– Ouais, parce que ça devient hyper gênant et blessant la manière dont vous nous parlez, lui répond Serena dès qu'elle a le bâton de parole en main. Vous êtes des garçons, donc vous comprenez pas, mais notre place de femmes est déjà pas respectée dans la société.

La Cheffe a convoqué dans son bureau quelques garçons de la 3e Flemme pour les sermonner à propos de leur comportement envers les filles. J'ignore comment l'information est parvenue jusqu'à elle.

– Je suis sûre que devant votre mère vous diriez pas « la place de la femme c'est à la cuisine », lance Sohane.

– On parle pas des mères ! s'insurgent Demba et Ziad, qui, faute d'avoir le bâton dans les mains, se taisent rapidement.

– Mais je parle pas de ta mère, je fais des généralités sur les mères.

Christophe lève la main et récupère le bâton.

– Je voudrais revenir sur le fait qu'hier, en cours d'histoire, Deepali et Demba ont eu un problème. Madame, je pense que vous ne faites pas confiance aux garçons parce que quand Demba dit que Deepali le gêne, vous le croyez pas.

Je lève la main. Christophe me lance le bâton de parole.

– J'ai proposé à Demba de s'expliquer à la fin du cours, il n'a pas souhaité le faire.

J'envoie le bâton à Ziad.

– De toute manière, les garçons sont toujours coupables. Si un jour il y a une bagarre entre une fille et un garçon, qui sera jugé en tort ?

– La première personne qui aura donné le coup, répond Maryline.

– C'est faux, tout le monde va penser que c'est le garçon !
– Tu as tort parce que quand je me suis battue avec Jordan, il a eu une sanction et moi aussi, réplique Serena.

Si j'accorde le même temps de parole aux filles et aux garçons, je sanctionne peut-être plus facilement ces derniers. Et a priori, je ne suis pas la seule à le faire. Les garçons représentent de 74 % à 89 % des élèves punis, selon une étude[32]. L'autrice de cette étude estime que « pour les garçons, la sanction est un véritable rite de passage qui permet, à l'heure de la construction de l'identité sexuée, d'affirmer avec force sa virilité, d'afficher les stéréotypes de la masculinité, de montrer que l'on ose défier l'autorité ».
– La phrase sur « la place de la femme c'est à la cuisine », ça représente quoi pour vous ? interroge Serena.
– C'est de l'humour, chez moi c'est moi qui me fais à manger, assure Jordan.
– Mais cette phrase nous blesse parce que c'est toujours la femme qui est à la cuisine et qui gère les enfants pendant que l'homme va travailler, ajoute Sohane.

32. Sylvie Ayral, étude « Sanctions et genre au collège », 2010.

– Pour nous, c'est une référence, concède Christophe. Mais on a compris, ça vous blesse, on va plus le dire.
– On dirait qu'on est en train de vous harceler, se défend Demba. On disait ça par occasion.

Serena trépigne sur sa chaise :
– Quand tu me regardes et que tu dis « cuisine », c'est par occasion ? Quand tu mimes une casserole, c'est par occasion ?
– Tu vas vraiment y repenser dans quelques années ? interroge Demba.
– Oui, notre mémoire va l'enregistrer et ça va revenir plus tard, analyse avec sa voix posée Maryline.
– Qu'est-ce que vous voulez qu'on fasse ? lance Ziad. On est 26 sur 7 milliards, si on change nous, les autres vont faire quoi ?
– Chaque personne peut faire le choix de changer, rebondit Maryline. Au début, c'est petit, et ça devient grand.

Je demande à la cantonade si les garçons ont compris ce que ressentaient les filles.
– Une partie, mais pas tout, concède Jordan.
– Si j'ai dit un truc sexiste, vous venez me voir et je m'excuse, promet Abraham.
– Du coup, c'est encore à nous de venir vous voir, souffle Serena.

CHAPITRE 58

LES CARICATURES

Dans trois semaines, je donne un cours sur la liberté d'expression, au programme de 4e. L'activité du manuel me semble compliquée et assez peu ludique. Je jette un œil sur les cours de Léonidas, mon ancien collègue du Navire. Parmi les documents qu'il utilise figure une des caricatures de *Charlie Hebdo*, celle titrée « Mahomet débordé par les intégristes » et où Mahomet dit : « C'est dur d'être aimé par des cons. » Je touche à l'un des sujets les plus sensibles quand on évoque l'Éducation nationale, la laïcité et la liberté d'expression. Dois-je m'en servir comme support pédagogique ? Aucune directive ministérielle n'existe sur le sujet. Chaque prof est libre de le faire ou non.

Dans mon entourage et dans les médias, deux camps s'opposent. D'un côté, celui pour lequel ne pas montrer ces caricatures en classe s'apparenterait à de la censure, voire à une atteinte à la liberté d'expression. De l'autre, le camp qui estime que le fait de pouvoir les montrer ou non ne constitue pas le baromètre de l'état de la liberté d'expression en France.

Avant d'être prof, je penchais plutôt pour les montrer, sans être catégorique. Aujourd'hui, je peux mesurer les conséquences de cette opinion dans la vraie vie. Celle qui se joue entre les murs de ma classe. Mon immersion prend tout son sens. Est-ce une posture politique de les montrer ? Ma 4e Ardente risque-t-elle d'être choquée ? Ma priorité est avant tout d'en discuter avec mes élèves. Quant à l'Éducation nationale, elle exige que les collégiens ressortent du cours en ayant compris le concept de liberté d'expression.

Je me souviens de la phrase de Kamil : « Tu peux parler de tout avec tes élèves, il faut juste savoir comment. » Pour la première mouture de mon cours, je mixe les propositions du manuel et le cours de Léonidas. Dans un premier temps, sans être sûre de moi, je pense inclure la caricature de *Charlie Hebdo*.

Comme je donnerai ce cours en co-intervention avec Jaurès, je lui demande d'y jeter un œil. Nous nous installons dans la salle de la photocopieuse. J'affiche mon document sur l'écran d'un ordinateur. « Je ne montrerais pas la caricature, réagit d'emblée Jaurès. Il y a plein d'autres collèges où tu pourrais le faire sans souci, mais avec nos élèves, ce n'est pas possible, même si ça me fait mal au cœur en tant que prof d'histoire de te dire ça. La projection d'une représentation de Dieu va les braquer, une minorité de grandes gueules va chercher la provocation et saboter ton cours. » Il me suggère de privilégier un entre-deux, un texte explicatif sur *Charlie Hebdo* qui « créera le débat sans problème », ou, comme il a fait l'an dernier, une description orale de cette même caricature de *Charlie Hebdo*. « On a pu débattre sans provocation. »

Depuis l'assassinat de Samuel Paty, Jaurès se méfie. « Un élève peut mal raconter ce que tu as dit, ça peut prendre des proportions énormes, donc mieux vaut être pragmatique. » Pour autant, il continue de « rembarrer les élèves qui se prennent pour des ayatollahs » et se félicite d'avoir des élèves « capables de prendre du recul ». À ce moment-là, Achille, le prof de français proche de la retraite, passe derrière nous et aperçoit la caricature sur l'écran de l'ordinateur. « Il ne faut pas que tu la montres pour ne pas prendre de risque », commente-t-il.

Un peu plus tard, je déjeune avec Chef Scout en salle des profs. Passionné par l'Iran, le jeune prof me raconte avoir étudié avec des 3e la bande dessinée *Persepolis*, un roman graphique dans lequel l'autrice, Marjane Satrapi, revient sur sa vie avant et après la révolution iranienne, à la fin des années 1970. Chef Scout distribue aux élèves un passage dans lequel un vieil homme est dessiné. Ils comprennent aussitôt qu'il s'agit de Dieu et sont unanimes : il est interdit de représenter Dieu. Une élève évangélique va jusqu'à citer l'Ancien Testament pour affirmer que l'autrice ira en enfer. « Pour moi, il était clair que ce n'était pas une caricature. Mais pour eux, le problème n'était pas là, c'était que Dieu avait simplement été représenté », me dit Chef Scout entre deux bouchées de sandwich. Dépassé par la réaction des collégiens, il dort mal le vendredi soir, « par peur et mal-être ».

Le lendemain, il file à la librairie du Louvre, achète trois ouvrages sur la représentation de Dieu, question qui traverse les trois religions monothéistes depuis des siècles. Il passe le week-end à décortiquer des passages de textes sacrés. « Je voulais vraiment être en mesure de leur répondre », m'explique-t-il. Le lundi, fébrile, il distribue un document de deux pages à ses élèves et consacre son cours à ce sujet. Les collégiens sont passionnés. Chef Scout n'avait jamais obtenu un tel silence dans la classe.

Il rêverait de leur montrer un de ses dessins favoris, celui de Plantu, où Mahomet est représenté avec la phrase: « Je ne dois pas dessiner Mahomet ». Il pourrait aller jusque-là, pas plus loin. Et encore, il trouve ça osé. « C'est le rôle de l'école d'accueillir la parole, mais tu ne peux pas raisonner les enfants sur ce sujet, ils n'ont pas encore leur libre arbitre, ajoute-t-il. On m'aurait montré une caricature du pape quand j'étais jeune, j'aurais réagi comme eux. »

Chef Scout est originaire de Mayenne, « une région hyper catho ». Ses parents, issus d'un milieu modeste, lisent *La Croix*. Pendant ses études, il a rencontré des profs agnostiques qui l'ont amené à s'interroger en travaillant sur l'histoire de l'Église. « On oublie parfois à quel point, en France, la laïcité a été un combat parce qu'elle a été digérée. » Selon lui, la question centrale reste: « Qu'est-ce qu'on veut que nos élèves retiennent de nos cours? Notre objectif, est-ce de leur transmettre des connaissances ou de les choquer? »

CHAPITRE 59

NE PAS PARTIR FÂCHÉE

Jaurès m'avait prévenue : la veille des vacances, nous sommes tous harassés. Ses trois conseils : prévoir des activités tranquilles, éviter de s'énerver, et surtout, surtout, ne pas partir fâchée contre une classe ou un élève. C'est raté.

J'avais deux heures de cours avec ma 6e Clash. Alors que je lis des définitions couvertes par un bruit diffus, Karim ne cesse de m'interrompre avec des « madame » intempestifs. Je fais mine de ne pas entendre pour éviter de hacher le cours. Je finis ma lecture et lui demande ce qu'il veut. « Madame, je peux me moucher ? » Je perds patience et me mets à crier « J'en peux plus de votre classe ! Karim, tu réponds tout le temps et tu soupires quand on te fait une remarque ! Hawa, j'en peux plus que tu me demandes si on colle le document en histoire ou en géo alors que ça fait deux semaines qu'on fait de l'histoire ! Walid, arrête de chanter ! Yeleen, soit tu dors, soit tu te fais les ongles avec ton compas ! Kim, tu t'amuses avec Walid et tu fais genre tu t'étires quand je te regarde ! Mehmet, ce cours n'est pas une conversation entre toi et moi, Yohan tu parles tout le temps, Mehdi tu n'écris jamais le cours ! »

Leurs regards me renvoient à ma folie. Bacary, que j'ai placé au premier rang entre deux excellentes élèves pour le canaliser, finit par briser le silence :

– Vous avez rien dit sur moi, je peux avoir un encouragement du coup ?

– Toi, ça dépend des jours.

Mon coup de sang semble les avoir calmés. Si je suis honnête, je ne culpabilise même pas d'avoir hurlé. Je repense au conseil de Jaurès et termine le cours en leur souhaitant de bonnes vacances, du bout des lèvres. Dans mon autre classe de 6e, Bryan me raconte qu'il profitera des congés pour passer le niveau 5 de *Fortnite*, Sami ira jouer au club ado. Indira, peu ravie d'être en vacances, me réclame un exposé pour s'occuper.

Indira est l'une de mes élèves les plus brillantes de 6e. Elle a soif de connaissances, c'est une enfant joyeuse, solaire. Née au Pakistan, elle a appris le français il y a un an et demi à son arrivée en France. Elle le parle et l'écrit parfaitement. L'assistante sociale m'a prévenue que ses parents venaient d'être déboutés du droit d'asile et qu'Indira n'avait pas vraiment de domicile. La famille est hébergée par un membre de la communauté pakistanaise, mais va devoir partir. Indira, sa petite sœur et ses parents s'apprêtent à vivre dans des hôtels sociaux. « Le moral d'Indira va dépendre de la manière dont ses parents traversent la galère, l'humiliation et le déclassement sans entrer en dépression, m'a expliqué Magali. Tant que les parents tiennent bon, les enfants tiendront bon. Indira a compris que son quotidien allait vaciller. Ce qui m'inquiète, c'est l'énergie qu'elle déploie pour faire comme si tout allait bien. Je ne sais pas à qui elle peut dire que ça ne va pas. »

Il est 16 heures, le Paquebot se vide. Je croise la Cheffe dans le hall. À la retraite l'année prochaine, elle ne va « pas faire de rab, trop fatiguée de gérer tout ça ». Le collège, les gamins, les familles. « N'oubliez pas, me dit-elle, il faut accepter le sentiment d'impuissance, parce qu'on essaye d'aider les gamins au mieux, mais on ne peut pas faire de miracles. Il faut rester humble et se dire qu'on a semé des graines pour plus tard. Ce qui est frustrant, c'est quand on ne voit pas les pousses. »

Le Président quitte son bureau avec celui que tout le monde appelle « son fils », un élève de 6e dont il s'est pris d'affection. Il est assigné au Paquebot tous les jours, de 8 heures à 18 heures, après avoir séché beaucoup de cours. L'élève pousse la porte de sortie en souriant au CPE. « Il était en pleurs, explique le Président qui regarde son protégé s'éloigner. Je ne sais pas pourquoi, il n'était pas bien. Il était peut-être triste que ce soit les vacances. »

Après les vacances, il ne me restera que trois semaines de cours au Paquebot. À cette pensée, mon cœur se serre.

CHAPITRE 60

PAS ENCORE CETTE ANNÉE

L'Archéologue est sur la route du retour des vacances en Bretagne quand il reçoit un mail du rectorat. Sa mutation dans l'académie de Rennes lui a encore été refusée. Il fallait 1 200 points pour l'obtenir en histoire-géo. Seuls deux profs ont demandé à quitter l'académie rennaise cette année, contre 350 qui ont émis le souhait d'y retourner. Onze ont obtenu leur mutation. L'Archéologue est 75e sur la liste. Il a versé une larme, envoyé une capture d'écran du mail à sa famille avant de les prévenir qu'ils se verraient encore peu l'année suivante.

CHAPITRE 61

MONSIEUR CHARLIE HEBDO

Jour de rentrée. La Russie a envahi l'Ukraine. « Ça va être la Troisième Guerre mondiale ? » me demande d'emblée Bacary après avoir vu à la télévision les images de civils ukrainiens s'emparer des armes. « En France, tous les hommes vont devoir partir à la guerre ? » me questionne un autre garçon. Je les rassure tant bien que mal.

Pendant les vacances, j'ai retravaillé mon cours sur la liberté d'expression, avec pour objectif de trouver les documents les plus complémentaires possible, lister les questions pertinentes à poser aux élèves et devancer leurs interrogations. Après mes discussions avec Jaurès et Chef Scout, j'ai retiré la caricature de Mahomet de mon activité. Je consacrerai trois heures à ce thème avec ma 4ᵉ Ardente.

En début de cours, Riley dépose son carnet sur mon bureau. « J'anticipe, parce que j'ai pas fait mes devoirs, et puis on sait jamais. » En ce moment, je m'occupe moins de lui, alors il fait des bruits bizarres et gesticule plus que d'habitude en guettant mon regard du coin de l'œil. Nous lisons ensemble les documents de l'activité, dans lesquels figurent les définitions de la diffamation et du blasphème, des extraits de lois, des statistiques sur l'emprisonnement des journalistes dans le monde et deux dessins de presse réalisés en réaction aux attentats de *Charlie Hebdo*. Le premier, intitulé « Dessin approuvé par un extrémiste », représente un cadre noir dans lequel rien n'est dessiné. À côté, l'autre dessin montre un crayon entier puis brisé, qui finit par devenir deux crayons. J'ai ajouté un article sur les non-lieux et condamnations du journal satirique et un autre sur les condamnations d'Éric Zemmour pour provocation à la haine et à la violence.

– Madame, pourquoi on nous a forcés à dire qu'on était Charlie à l'école primaire ? dégoupille Yasmine. Chez moi, on a interdiction de dire qu'on est Charlie, alors j'ai fait semblant de le dire.

– Après l'attentat, c'était une manière de montrer son soutien au journal et de défendre la liberté

d'expression, je lui réponds, en essayant d'éviter que l'élève soit confrontée à un conflit de loyauté entre sa famille et l'école.
– C'est quoi, le blasphème ? ajoute-t-elle.
– C'est le fait de critiquer les religions et de se moquer de Dieu, j'embraye. Mais le délit de blasphème n'existe pas en France, donc tu as le droit de te moquer de Dieu.

Les élèves froncent les sourcils et s'esclaffent. « Quoi ? Mais non madame ! » Un brouhaha s'amplifie avant d'être brisé par la voix posée de Queen : « Tu as le droit de te moquer de Dieu, mais tu n'as pas le droit de te moquer des croyants. »
– C'est pas cohérent, si on se moque de Dieu, on se moque de nous aussi ! réagit Yasmine. Donc on n'a pas le droit de se moquer des personnes LGBT, mais on a le droit de se moquer de Dieu ?
– Oui, parce que Dieu est une croyance, une idée, dis-je.
– Mais ce n'est pas une idée ! ajoute Yasmine.
– Donc c'est une personne ?
– Non ! C'est celui qui nous a créés !
– Donc on est d'accord, ce n'est pas une personne, or la loi protège les personnes. Et puis, l'homophobie est condamnée par la loi, je rappelle en projetant au tableau la loi en question.

Comme la législation reste abstraite pour beaucoup d'élèves, je demande à Yasmine d'en lire un extrait à haute voix. Elle s'exécute, puis Riley résume : « Si tu es homophobe dans ta tête, il t'arrivera rien. Si tu l'exprimes, tu peux être condamné. »

La diffamation suscite de nombreuses questions. Les élèves veulent savoir si on a le droit de dire que les Arabes sont des voleurs, que les Turcs sont tous riches, que les filles ne savent pas jouer au foot, et ce qu'ils risquent s'ils le disent.

En passant devant mon bureau à la fin du cours, Yasmine me glisse :

– Madame, une fille avec une fille, c'est pas possible pour moi, c'est contre ma religion.

– Pourtant, tu es la première à défendre les droits des femmes ! je lui réponds.

Nous reprenons le cours sur la liberté d'expression plus tard dans la journée, cette fois-ci en co-intervention avec Jaurès. J'interroge mes élèves : « À quoi correspond le 7 janvier 2015 ? » Cette date ne leur évoque pas grand-chose. Ils n'avaient que 6 ans à l'époque. Ils m'écoutent leur expliquer le déroulé de l'attentat à la rédaction de *Charlie Hebdo*.

– Mais c'est qui, *Charlie Hebdo* ? interroge Moussa.

Jaurès prend le relais : « Il n'y a pas un monsieur dont le prénom est "Charlie" et le nom de famille "Hebdo" qui a été tué. C'est un ensemble de journalistes qui travaillaient dans un hebdomadaire dont le nom est "Charlie Hebdo". »

– Ça veut dire quoi, blasphème ? demande Thaïs.

La pédagogie étant souvent l'art de la répétition, je m'apprête à restituer ma réponse du matin. Mais Yasmine me devance : « Ça veut dire que tu as le droit de te moquer de Dieu, mais pas de ceux qui croient. » Elle me fixe d'un air fier.

Jaurès explique que « les Grecs se moquaient déjà de Zeus à leur époque ». Il martèle : « En France, se moquer de Dieu n'est pas un délit parce que la France ne reconnaît pas de Dieu. En revanche, dire que les musulmans et les chrétiens sont je ne sais pas quoi, ça c'est de l'incitation à la haine. Parce qu'autant Dieu, on ne sait pas s'il existe, autant les croyants, on sait qu'ils existent. » Cette explication ne suscite aucune protestation dans les rangs.

– Madame, les garçons qui twerkent dans une église, ça vous choque pas ? m'interroge Ajna.

Début 2022, un garçon de 18 ans a publié sur TikTok une vidéo où un de ses amis et lui dansent en secouant leurs fesses dans une église.

– La question à se poser, c'est : est-ce légal ? je réponds à Ajna.
– Il se moque de la religion, quand même. Il peut pas être condamné pour ça ? rebondit Thaïs.
– Encore une fois, le blasphème n'existe pas en France. Peut-être qu'on peut se demander si ce garçon incite à la haine ou à la violence, puisqu'on a vu que cela était interdit ?

Je ressens un décalage entre les élèves et moi. Eux, quasiment tous croyants, et moi, athée, n'ayant reçu aucune éducation religieuse.
– Non, mais ça ne vous choque pas, quand même ? reprend Zafer.
– Ce n'est pas le sujet. Vous avez le droit d'être choqués, mais est-ce que c'est répréhensible du point de vue de la liberté d'expression ? Non[33].

Ils me dévisagent quelques secondes. Je les vois réfléchir. La tension redescend d'un cran.
– En plus, moi je dis ça, je dis rien, mais madame, le prénom du garçon, c'est Benjamin, comme votre nom de famille, c'est étrange ! s'amuse finalement Zafer, suscitant le rire de ses camarades et le mien.

---

33. Le garçon a finalement été condamné pour « préjudice moral » le 22 avril 2022. La justice l'a sanctionné pour avoir « porté atteinte à l'affectation culturelle du lieu » en postant des vidéos sans autorisation du curé et en refusant ensuite de les supprimer.

CHAPITRE 62

TIMIDE

Serena vient me voir à la fin d'un cours. Elle me regarde en balançant ses bras d'avant en arrière.

– Tu veux me dire quelque chose, Serena ?

– Je suis timide, j'ose pas trop vous demander, mais ça vous dirait de venir me voir boxer ?

Je ne m'attendais pas à cette proposition, elle me touche d'autant plus.

– Avec plaisir !

– Je suis un peu gênée, le match est payant, j'ai demandé au coach de baisser le ticket à 10 euros.

– Pas de problème, je viendrai.

CHAPITRE 63

LE CHÂTEAU DE SABLE

Voilà quatre mois que j'enseigne au Paquebot, et j'ai parfois la sensation de vivre dans le film *Un jour sans fin*, à force de jouer encore et encore la même scène : la sonnerie, la clé dans la serrure, l'entrée dans la classe, les « bonjours », les mêmes élèves assis aux mêmes places. Une routine rassurante. Mais même un cours cadré peut s'effondrer comme un château de sable.

Ce jeudi après-midi, j'ai cours avec ma 3e Flemme. Ils ne sont pas rangés. Comme d'habitude, je me tiens debout devant le numéro de leur classe, crie « les 3e, on y va ! », reste cinq secondes puis pars avec ceux qui veulent bien me suivre. Les autres nous rejoindront devant la salle quelques minutes plus tard.

Dès leur entrée en classe, je sens de l'électricité dans l'air. Ils sont agités, certains ont changé de place. Youssef et Demba discutent tranquillement. Une connivence s'est créée entre ces deux élèves alors qu'auparavant, ils ne s'aimaient pas. Sohane arrive en retard, entourée d'une grappe de garçons. Elle m'explique m'avoir perdue de vue dans la cour et qu'elle a tourné dans les couloirs pour nous chercher. Les garçons l'ont suivie. J'imagine qu'ils ont dû s'amuser comme des fous.

J'écris au tableau le titre de la rédaction sur la Seconde Guerre mondiale, que j'ai prévu de corriger.

– Mais madame, on l'a déjà fait ! lance Inès.

– Non.

– Bah si, me répond Youssef.

– Non !

Je me lance alors dans une démonstration pour les convaincre que j'ai raison, mais leurs bavardages couvrent ma voix. « Vous n'écoutez pas donc ça ne sert à rien, on abandonne ! Débrouillez-vous avec la correction que je vous distribue ! » « Oh si madame, on veut faire la correction, on n'a pas compris ! » implorent certains élèves.

« Nous allons reprendre la leçon sur la France de Vichy. » Je suis en retard sur le programme, ça me stresse. « Vous savez que le deuxième brevet blanc, c'est début avril ? » je leur rappelle, comme une menace. L'information occasionne une nouvelle controverse. Certains avaient compris qu'il aurait lieu fin avril. « Pourquoi vous ne respectez pas votre parole ? » me demande Youssef, comme si j'étais responsable de la date. Même les élèves que j'appelle « mes alliés », ceux sur lesquels je m'appuie pour faire avancer le cours, se montrent aussi dissipés que les autres. Je suis perdue, et l'agacement me rend mauvaise. « Vous avez vu vos résultats au brevet blanc ? Seulement 25 % de la classe l'a eu ! Mais visiblement, vous estimez ne pas avoir besoin de travailler. » Des « ouuuuuuh » fusent dans la classe.

J'affiche la suite du cours au tableau.

– Mais madame, on l'a déjà fait !

– Non, on n'a pas fini.

– Bah si !

Je bous intérieurement, ma voix tremble. Je marche jusqu'à mon bureau et aperçois les deux feuilles sur lesquelles j'ai rédigé mes notes pour cette leçon. Je les saisis, balaie la classe du regard et déchire mes notes devant mes élèves : « Voilà ce que vous faites à mon travail ! J'ai mis des heures à construire ce cours. C'est quoi le problème aujourd'hui ? On est entré en classe depuis vingt minutes et on n'a pas encore commencé à travailler ! » Ils me regardent, médusés. « C'est parce qu'il fait chaud », ose un Demba peu convaincu. « Donc en juin, vous vous roulerez par terre ? » Ils s'esclaffent, je me détends.

Le calme revient, je termine dans un climat apaisé. Quand la sonnerie retentit, mes épaules se relâchent. Je me demande si on traverse ce genre d'épreuve quand on enseigne depuis dix ans. Je repense à cette phrase de la Chamane sur la pédagogie : « Tout ça, c'est du temps long… »

CHAPITRE 64

L'INSPECTION

Un nouveau protocole sanitaire vient d'être annoncé. Nous pouvons enfin retirer nos masques. Peu d'élèves le font, ils craignent le Covid, se trouvent moches, ou ont « froid au menton ». En ce qui me concerne, j'ai décidé de l'enlever. Mes élèves découvrent mon visage pour la première fois, me fixent, se parlent dans le creux de l'oreille.

À la pause, en salle des profs, Barbe noire se sert un café et engloutit une gaufre achetée au distributeur. Il me confie être « hyper stressé ». Amazone et lui se font inspecter demain. Dans l'Éducation nationale, les profs n'ont aucune obligation de résultat. Auparavant, l'inspection – rebaptisée « rendez-vous de carrière » en 2016 – servait à monter des échelons plus rapidement et à être payé davantage. Mais ces rendez-vous de carrière ne revêtent plus la même importance, car aujourd'hui, les échelons se grimpent surtout à l'ancienneté. Durant ces rendez-vous, l'inspecteur observe une heure de cours, s'entretient une heure avec le prof puis complète une grille d'évaluation. Les profs sont prévenus deux semaines à l'avance, ce qui leur laisse le temps de bien préparer leur séance. Barbe noire n'a pas informé ses élèves « pour garder le naturel de la relation avec eux ».

Le lendemain, je croise Amazone juste après son inspection. Tout s'est bien passé. « L'inspectrice connaît les REP+, elle est très sympa, super ouverte. » Ses 4e, intimidés et prévenus qu'ils avaient intérêt à se tenir à carreau, ont été impeccables : « Ils avaient l'impression de se faire inspecter eux-mêmes », plaisante-t-elle.

L'inspectrice a convié l'ensemble des profs d'histoire-géo à une réunion en présence de la Cheffe, l'après-midi même. Nous nous installons dans la grande salle du rez-de-chaussée. Avec huit inspecteurs pour 4 000 profs d'histoire-géo dans l'académie de Versailles, elle s'excuse d'avoir du mal à rencontrer les profs. « Et puis, il y a beaucoup de turnover, ce n'est pas comme la Bretagne où les profs ne partent plus une fois qu'ils sont nommés. »

Elle commence par nous féliciter. « On est dans du REP+, mais je ne suis pas sûre de le détecter quand je vois vos élèves, donc votre travail est très bon, l'ambiance générale et le climat scolaire en émanent. »

Nous nous présentons tour à tour. Je débute en expliquant que je suis contractuelle. « On s'engage dans la carrière de prof alors ? » me questionne-t-elle avec un sourire complice. « Je ne sais pas encore. » « On a besoin de profs à Versailles. C'est un puits sans fond, je ne sais pas où passent les profs. Cette année, on a affecté tout le monde le 10 septembre, et après, on n'avait plus personne. Comme en maths, il y a trop de Bretons qui repartent chez eux. Du coup, c'est la bataille, on est obligé de hiérarchiser les remplacements en privilégiant les classes à examen, en 3e, première et terminale. Réfléchissez, en tout cas. »

Elle poursuit par un point sur la guerre en Ukraine. « C'est de l'histoire immédiate, votre rôle est d'aider les élèves à dépasser leurs émotions pour les faire raisonner et les rassurer, sans prendre parti, et en les formant à la complexité et à la nuance. » Nous évoquons ensuite la lourdeur des programmes, surtout en 3e. « La question essentielle, c'est : qu'est-ce qu'un élève doit absolument avoir retenu sur la Révolution française, par exemple ? » nous questionne l'inspectrice. Jaurès, spécialiste de cette période, peine à trancher : « Le changement de régime, avec des expérimentations, puis l'émergence du peuple comme source de la souveraineté, puis la volonté de régénérer la nation avec l'abolition de l'esclavage et les droits politiques ? » L'inspectrice répond : « La seule chose essentielle, c'est l'émergence du peuple comme acteur politique, c'est ce qui conditionne la suite. »

Barbe noire pointe enfin des difficultés d'adaptation pour les élèves à besoins particuliers. « On l'a identifié, explique l'inspectrice. Un groupe est en train de se créer pour produire des outils et on cherche des profs. »

À la sortie de la réunion, je demande à l'inspectrice si je vais bénéficier d'un tuteur. « Vous n'en avez pas besoin, je n'ai entendu que du bien de vous, m'assure-t-elle. Si vous en aviez besoin, ça ne serait pas une bonne nouvelle pour vous, ça voudrait dire que quelque chose ne va pas. Vous devriez passer le Capes, par contre ! »

Pour fêter cette inspection, nous allons boire un verre dans la brasserie située près de la gare avec l'Archéologue, Jaurès et Barbe noire.

Celui-ci rumine devant sa bière. Son ordinateur ne fonctionnait pas la veille, l'empêchant de faire le cours qu'il avait imaginé devant l'inspectrice. Heureusement, quand ses élèves ont voulu digresser, il ne les a pas laissés faire : « Elle a vu que je gérais bien ma classe. »

Cette inspection lui a quand même fait du bien : « Ça donne du baume au cœur pour la suite que quelqu'un vienne te féliciter, parce que c'est génial de pas avoir de chef qui te met la pression, mais le revers de la médaille, c'est que tu es souvent bien seul dans ce métier. » L'inspectrice lui a conseillé de quitter le REP+ pour arrêter d'être dans la « posture de l'animateur-éducateur » et retrouver celle de prof d'histoire-géo qui « s'accroche davantage aux documents scientifiques ». « Je comprends ce qu'elle veut dire, mais je suis aussi là pour donner une culture générale à mes élèves, je les éduque aussi à la vie… Il faut que je change de collège, concède-t-il. De toute manière, si je bossais tout le temps comme la Chamane, je tiendrais deux semaines. Elle est hyper nécessaire en REP+, moi, beaucoup moins. » Enseigner en Bourgogne, dans les « territoires ruraux en souffrance, où c'est difficile », pourrait l'intéresser. Il sourit. « D'accord, je retombe direct dans mes travers. »

CHAPITRE 65

LE RING

Ce samedi, des boxeurs amateurs et professionnels s'affronteront toute la soirée dans un gymnase de la ville, à quelques rues du collège. J'y arrive à 18 h 30 et retrouve Louise, prof d'espagnol, et Emmy, prof d'anglais. Rokia, élève de ma 4e Ardente, boxeuse depuis peu, est présente. Si volubile en classe, elle s'enferme dans le mutisme quand je viens lui parler, trop impressionnée de me voir dans ce contexte. Serena vient nous saluer alors que nous faisons la queue devant le stand de sandwichs. Je me réjouis de la voir en dehors d'une salle de classe. Son coach surgit et m'échange une poignée de main.

– Alors, ma Serena, elle est bonne à l'école hein ! lance-t-il, serrant sa protégée dans les bras.

– Oui, enfin ça pourrait quand même être mieux, je précise.

– L'école, c'est devenu trop facile, tout le monde a son brevet. Serena a 13 ou 14 de moyenne générale, alors qu'elle est à la boxe tous les soirs de 18 heures à 21 h 30, moi ça me va !

Je sais que Serena s'occupe aussi de l'entraînement des plus jeunes avant son propre entraînement. Depuis quelques semaines, elle a cessé de me rendre ses devoirs et n'avait pas l'air d'avoir révisé avant les dernières évaluations. Je la questionne :

– Tu as vraiment 13 de moyenne ?

– Pas avec vous, me répond-elle.

– L'école, c'est bien, mais elle veut faire de la boxe, alors il faut qu'elle s'en donne les moyens, explique le coach.

– Elle ne voulait pas être vétérinaire ? je demande.

– Non, c'est fini ça, assure-t-il.

La nuit est tombée. Des spots bleus éclairent le ring. La Fougue nous rejoint tout sourire. Après des semaines de recherche, elle vient de trouver un deux-pièces en location à Paris. Les agences immobilières exigeaient de sa part trois fois le montant du loyer et deux garants. « Je vais avoir 40 ans et je suis fonctionnaire, mais avec mon salaire de prof, c'était galère ! »

Je lui résume mon échange avec le coach de Serena. « Elle n'a pas 13 de moyenne ! Je vais

jouer mon rôle de prof principale, il faut profiter de tous les moments pour faire passer des messages. » Elle se dirige vers l'entraîneur, s'adresse à lui en le regardant droit dans les yeux puis revient s'asseoir à côté de moi.
– Qu'est-ce que tu lui as dit ?
– Que l'école, c'est important, qu'il faut pouvoir faire les deux et que Serena doit se donner la chance de pouvoir aller plus loin dans les études si elle le souhaite.

Sur un fond de musique hip-hop assourdissante, le présentateur annonce l'arrivée d'« une future star montante de la boxe, notre petite, notre très grande, Sereeeeeenaaaaaa ! » Derrière nous, les jeunes du club sautent, bras tendus vers le ciel et scandent « Serena ! Serena ! Serena ! » Notre élève monte sur le ring, short blanc, tee-shirt noir, gants rouges et casque vissé sur la tête. Son adversaire l'attend déjà sur le ring. Le combat commence. Serena esquive les coups et les rend au centuple. Son adversaire est en pleurs. L'arbitre arrête le combat et lève la main de la collégienne en signe de victoire. Le gymnase vibre sous les acclamations. Sa coupe dorée à la main, la boxeuse sautille de groupe en groupe pour serrer ses amis dans les bras. Nous la félicitons avec chaleur.

Quelques jours plus tard, Serena s'endort en plein cours, la tête penchée en avant. Je la réveille. Elle m'assure s'être couchée à 22 heures. « J'ai juste trop boxé hier soir. »

CHAPITRE 66

MAUVAISE MÈRE

Mes six mois d'enseignement toucheront à leur fin dans deux semaines. Il y a quelques jours, j'ai reçu un courrier m'indiquant que le rectorat de Versailles conviait les contractuels de l'académie à une réunion d'information à distance. Elle a lieu un mercredi après-midi, moment où aucun prof ne donne cours, mais n'est pas obligatoire.

Assise dans mon salon, je clique sur le lien que le rectorat m'a envoyé pour rejoindre la réunion virtuelle. Nous sommes 160 contractuels connectés. Trois inspecteurs apparaissent à l'écran. Nous pouvons leur poser des questions en direct ou *via* un tchat.

Une inspectrice commence par expliquer que le prof est « un chef d'orchestre », elle conseille de réaliser trois ou quatre activités par heure.

« Le contenu de vos cours doit permettre à chaque élève de sentir qu'il va pouvoir progresser et réussir, donc il faut connaître les élèves, leur vécu scolaire, ce qu'ils ont appris les années précédentes. » Cette consigne me semble déconnectée de la réalité d'un contractuel : comment prendre connaissance du vécu des élèves quand on est parachuté dans un établissement pour des missions de deux, cinq ou dix semaines ?

Les messages pleuvent dans le tchat. Un contractuel raconte que ses élèves n'ont pas eu de prof pendant trois mois avant son arrivée, un autre pendant deux ans. Une même question revient à maintes reprises : faut-il se résoudre à ne pas terminer le programme ? « Il faut réparer les manques et combler ce qui reste à faire, parler moins, aller à l'essentiel », explique l'inspectrice. Des profs visiblement désappointés réagissent dans le tchat : « Sauf qu'aller à l'essentiel et s'occuper des diversités culturelles et intellectuelles d'une classe ne vont pas ensemble. On est obligé de laisser certains élèves de côté si on veut continuer. » Un autre ajoute : « Les programmes de terminale pro sont infaisables en entier avec des élèves en difficulté. » Aucun inspecteur ne rebondit.

L'inspectrice déconseille aussi de s'arrêter de parler quand il y a du chahut en classe et de conserver cinq minutes à la fin du cours pour donner les devoirs. Un prof s'exaspère dans le tchat : « Dans mes classes, j'ai déjà du mal à les faire venir avec de quoi écrire, alors noter les devoirs… » Une question sur la possibilité de faire des évaluations surprises agace l'inspectrice. « L'évaluation surprise date d'un autre siècle. On n'obtient rien par la force. Il faut annoncer le programme, comme quand on va au cinéma. Aimeriez-vous être inspecté sans avoir été prévenu ? »

Une jeune contractuelle s'inquiète de savoir si elle recevra une aide ou un tuteur pour l'épauler lors des corrections du bac. En guise de réponse, l'inspectrice entame une tirade visant à nous donner du cœur à l'ouvrage : « Vous êtes une force vive de l'Éducation nationale, on ne peut pas se passer de vous. Si nous vous avons acceptés pour enseigner aux élèves, c'est que vous êtes méritants et que vous répondez à toutes les missions du prof. »

Un prof soumet une nouvelle question. « Quelle est la meilleure façon d'empêcher les élèves d'utiliser leur portable en plein cours ? » Pour ma part, j'ai rarement vu mes élèves se servir de leur téléphone, mais je m'attends à un discours légaliste nous rappelant qu'ils sont interdits en classe.

« Sommes-nous tous infaillibles ? Est-ce que ça ne nous est pas déjà arrivé d'oublier d'éteindre notre téléphone ? interroge l'inspectrice. Ayons un peu de tolérance à l'égard des élèves quand nous en avons énormément avec les adultes. Quant au fait de prendre le portable d'un élève, je suis opposée à ce genre de répression. C'est une violence de prendre un téléphone, et c'est peut-être illégal. Vous pouvez avoir des parents qui portent plainte. Les élèves et les familles ont des droits aussi. »

L'inspectrice ne semble pas réellement écouter les propos des contractuels ni chercher à comprendre les situations concrètes qu'ils exposent. Un malaise gagne la réunion. La deuxième inspectrice joue l'apaisement. « Vous n'êtes pas seuls quand vous prenez une décision, vous devez vous tourner vers l'ensemble de l'équipe pédagogique, rappelle-t-elle. Je vous conseille de voir ce qui est inscrit dans le règlement intérieur. Nous comprenons votre désarroi face à des situations pénibles. Vous devez sévir, mais comme vous êtes nouveaux, n'agissez jamais de manière isolée. »

Dans le tchat, beaucoup de contractuels s'interrogent sur l'absence de salaire en juillet et août. La deuxième inspectrice réagit : « Si vous restez dans l'académie et continuez de faire valoir vos compétences professionnelles, vous finirez par être identifié et obtenir un CDD d'un an. Voilà, je voulais terminer sur cette note positive ! »

Il est 16 heures. Je quitte cette réunion avec l'impression d'être une mauvaise mère. Je culpabilise de ne faire qu'une activité par heure, de ne pas connaître les antécédents scolaires de tous mes élèves, de parfois leur hurler dessus, d'arrêter mon cours quand ils bavardent trop, de leur donner des évaluations que je n'ai peut-être pas assez bien préparées en amont avec eux. En face, je n'ai pas senti beaucoup d'écoute, d'empathie ni de soutien, mais plutôt un discours culpabilisant et théorique. Comme si ces inspecteurs nous servaient des slogans en guise de solutions concrètes. En même temps, que pouvais-je espérer d'une réunion de deux heures, réunissant 160 contractuels et trois inspecteurs en visioconférence ?

CHAPITRE 67

LA CHEFFE

Un matin, je découvre un formulaire jaune dans mon casier. Il s'agit de ma feuille d'évaluation, que la Cheffe va remplir et envoyer au rectorat, comme pour tous les autres contractuels du Paquebot. Je dois aussi passer un entretien avant mon départ.

Jeudi matin, je frappe à la porte de son bureau. La principale s'affaire devant une montagne de feuilles. « J'en ai marre de la gestion des salaires et des heures, c'est épuisant quand les gestionnaires à la direction académique ne comprennent rien », fulmine-t-elle alors que je m'installe en face d'elle. Pour la première fois, j'ai vraiment l'occasion de discuter avec elle. Quelques jours plus tôt, elle m'a raconté entre deux portes avoir longtemps travaillé dans le commerce international entre Paris et l'Amérique du Sud. À l'époque, elle gérait des bateaux de 14 000 tonnes. Il y a quelques années, elle a décidé de changer de vie. Elle passe le concours de CPE. Au bout de cinq ans, elle décroche celui de chef d'établissement.

Elle saisit le formulaire jaune où elle doit renseigner mes « qualités professionnelles ». « Prépare et organise, renseigne les éléments sur le cahier de texte, s'implique dans le suivi des élèves. Vous faites tout ça ? » Je concède ne pas avoir toujours eu le temps de remplir le cahier de texte. Elle coche la case « satisfaisant », et continue. « Conditions d'apprentissage, très bon, démontre une volonté à travailler en équipe, très bon, s'engage dans une démarche de développement professionnel, je ne sais pas. Est-ce que vous avez suivi des formations ? » « Aucune. » « D'accord, satisfaisant alors. Applique le règlement intérieur, très bien, et neutralité, très bon. Ça s'est bien passé avec les élèves ? » me demande-t-elle en relevant les yeux vers moi. « C'était un peu dur au départ, mais ça va. »

Ce formulaire jaune, je dois aussi le compléter. Il y a une case indiquant si je souhaite continuer à enseigner l'année prochaine. Je lui livre mes doutes.

– Le salaire, c'est compliqué, j'étais payée 1 800 euros net pour mon premier remplacement au Navire qui n'était pas classé REP+.
– Vous avez tout à fait raison de me le signaler, je vais le préciser, il faut qu'ils sachent là-haut. Si tu veux que les gens bossent correctement, tu les payes en conséquence et tu les considères.

Pour mon remplacement de cinq mois au Paquebot, j'ai touché en moyenne 2 300 euros net par mois, dont 426 euros de prime REP+, 150 euros d'heures supplémentaires, 100 euros de prime pour le suivi individuel des élèves, et 70 euros de prime Grenelle.

J'explique à la Cheffe que ce métier se révèle exigeant sur le plan physique et intellectuel. Mes propos la rassurent : « Ça fait du bien de s'entendre dire que c'est difficile, parce que parfois on l'oublie, surtout que la plupart des gens ne s'en rendent pas compte. Nos missions se sont multipliées parce qu'on pâtit des dysfonctionnements de la société. » En outre, manager une équipe de profs n'est pas tous les jours facile, « surtout quand ils ne voient pas le quart des missions que j'ai ». Pourtant, selon elle, « si les choses fonctionnent ici, c'est beaucoup grâce à eux ».

La Cheffe me raconte les « histoires abracadabrantes » vécues dans son ancien établissement, un collège d'une ville favorisée, comme cette affaire de harcèlement entre des enfants de policiers et de profs qui est « remontée jusqu'aux grands chefs ». Dans un autre cas, un élève a tenté de se suicider. « Quand j'ai appris ça, j'ai organisé des conseils de discipline, viré les harceleurs et envoyé des rapports à ma hiérarchie. Mais je n'ai reçu aucune réponse. Puis, un jour, à 7 heures du matin, la rectrice m'appelle : "Vous avez vu l'interview des parents dans le journal ?" »

L'affaire « explose à la figure » de la Cheffe. Des journalistes se postent devant le collège et la principale reçoit des appels anonymes. « J'ai dit à ma hiérarchie que j'avais viré les élèves et que je les avais prévenus de ce qui se passait. » Les parents des élèves exclus font appel : « Le rectorat a requalifié le motif du conseil de discipline, souffle-t-elle. Quand votre hiérarchie ne vous soutient pas et que vous ne recevez aucune aide, psychologique notamment, c'est très dur… Personne ne m'a demandé comment j'allais après cette affaire. » En 2022, les chefs d'établissement étaient 30 % à « ressentir de l'appréhension avant de prendre leur service », contre 6 % en 2013[34].

---

34. Rapport sur le climat scolaire « À l'école de la défiance », octobre 2022.

« L'Éducation nationale est une institution très fermée où il y a peu de place pour la discussion », poursuit-elle. Elle s'estime pourtant « loyale » envers sa hiérarchie et applique toutes les circulaires ministérielles. « Avec le rectorat, c'est du paraître », résume celle qui estime que sa carrière est déjà faite : « Lors de mon dernier entretien avant la retraite, je leur dirai qu'au sein de l'Éducation nationale, la reconnaissance n'existe pas. »

CHAPITRE 68

LES FILLES DE LA 3e FLEMME

Dernier jeudi après-midi avec ma 3e Flemme. Comme d'habitude, les filles traînent dans la salle. Kali, Deepali, Nour et Sohane se sont assises sur les tables du premier rang, Maryline, sur une table de la rangée voisine. Serena s'agite devant mon bureau. Le week-end prochain, elle combattra aux championnats de France amateur de boxe. Je découvre que Maryline et elle sont amies depuis la primaire. Maryline raconte son harcèlement en maternelle : « Les enfants me coupaient les cheveux parce que j'étais blonde, voulaient me crever les yeux parce qu'ils étaient bleus. Ils disaient que j'étais dégoûtante parce que je mangeais du porc. » Je lui fais remarquer qu'aujourd'hui, elle semble savoir se défendre : « L'été, mon père m'amenait avec lui en camp militaire. »

Je leur demande comment elles se sentent dans leur ville. « C'est sympa, après c'est “ambiance cité”, il y a des gens qui traînent en bas des immeubles, qui fument la chicha », décrit Kali. La mère de Deepali fait brûler du piment pour les chasser.

Toutes affirment vouloir gagner de l'argent avant d'avoir des enfants, et ne pas souhaiter se marier avec « un mec du bled » parce qu'ils ne pensent pas comme elles. « De toute manière, les garçons sont trop bizarres. Dans la classe et au collège on se parle, mais dès qu'on les croise dans le quartier, c'est comme si on se connaissait pas. » À 15 ans, une fois les grilles du Paquebot passées, filles et garçons ne se fréquentent pas.

L'an prochain, Nour veut aller au lycée de la ville limitrophe. Celui du quartier a mauvaise réputation et le taux de réussite au bac n'y atteint que 72 %, alors que la moyenne nationale s'élève à 91 %. Deepali aimerait demander une filière anglophone dans le lycée d'une autre ville. Sa mère refuse, c'est trop loin. « En même temps, ça vaut peut-être mieux. Dans un lycée moyen, au moins, je suis sûre de rester l'une des meilleures », se console-t-elle. Sohane part à Washington pendant trois ans. Là-bas, elle sera accueillie par sa tante.

« On est trop à l'aise dans ce collège, on vous raconte trop notre vie », lance Maryline. « Ouais, les profs sont trop sympas avec nous ici », acquiesce Kali. La sonnerie retentit. Nous avons discuté pendant une heure. Maryline traîne Serena aux révisions du prochain brevet blanc. « Allez viens, c'est important ! » Kali passe la porte : « Vous savez, les garçons font genre, mais on s'était habitués à vous. Ils le disent pas, mais ils vous aiment bien, au fond. »

CHAPITRE 69

AVIS DÉFAVORABLE

« J'ai envie de vous coller, vous ne foutez rien ! » La voix de la Louve, CPE des 3ᵉ, résonne dans le couloir ce lundi 21 mars. Elle vient d'interrompre un cours dans la salle située en face de son bureau. Je prépare mes derniers cours dans la pièce mitoyenne. « Ce n'est pas envisageable que vous bavardiez au lieu d'écouter, ce n'est pas le moment ! Tout le monde s'arrache les cheveux pour que vous soyez outillés pour le lycée, ça commence à me gaver ! »

La Louve est particulièrement tendue parce que les conseils de classe du deuxième trimestre commencent ce soir. Les élèves de 3ᵉ vont y présenter leurs vœux pour l'année suivante. Les profs principaux ont passé du temps à discuter avec eux pour définir des centres d'intérêt, une appétence, des aptitudes. Car pour orienter au mieux les élèves, pas de « choixpeau magique » pour lire dans leurs pensées, comme dans *Harry Potter*. À la fin de la discussion en conseil, la Cheffe émettra un premier avis.

Claudine, une prof de maths, m'a dit qu'elle avait longtemps refusé d'être prof principale des 3e, ne supportant plus de faire ce « tri social et professionnel » : « C'est une grosse responsabilité. Certes, tu n'es pas seul à donner ton avis, mais tu te dis toujours que tu peux te tromper. »

La quasi-totalité des profs assistent au conseil de la 3e Flemme. La Fougue commence en s'adressant aux deux délégués : « Il y a beaucoup de progrès dans le comportement des élèves. En revanche, la classe peut se montrer bavarde. Par ailleurs, des élèves ont tenu des propos sexistes, homophobes et transphobes. Nous rappelons que ces propos sont sanctionnés par la loi et ne sont pas tolérés dans notre établissement. Enfin, le respect d'autrui n'est pas une option mais une obligation. Nous en avons parlé avec la classe. Si cette attitude continue, nous serons intransigeants et des sanctions graves seront prononcées en application de notre règlement intérieur. » Les délégués hochent la tête.

Youssouf entre et s'installe. Visage fermé, il convient que son trimestre « ne s'est pas très bien passé par manque de travail ». Emmy, la deuxième prof principale, lit son appréciation générale, qualifiant son trimestre « d'inquiétant », mais soulignant ses progrès en technologie.

– Vous avez écrit que vous vouliez être ingénieur mécanique. Vous avez regardé ce que c'est ? interroge la Cheffe.

– Non, on m'en a juste parlé.

– Vous avez pris rendez-vous avec la conseillère d'orientation ?

– Non, je sais pas vraiment ce que je veux, concède l'élève.

– Vous voulez être ingénieur mécanique ou garagiste ? Parce qu'il y a deux filières en lycée professionnel, carrosserie ou mécanique auto, il ne faut pas se tromper, et puis il faut aimer ce que vous faites, parce que si vous n'aimez pas, c'est toujours compliqué pour la suite.

Les lycées professionnels comptent 700 000 jeunes, soit plus d'un tiers des élèves du secondaire, qui évoluent entre 200 certificats d'aptitude professionnelle (CAP) validés en deux ans, et une centaine de bacs pros qui s'étalent sur trois ans. Les domaines de formation sont variés : industrie, cuisine, bâtiment, commerce ou esthétique. Dans ces établissements, 72 % des élèves sont des enfants d'employés, d'ouvriers, d'inactifs ou de chômeurs.

Youssouf sort de la classe avec une « mise en garde travail » et un avis favorable pour la seconde pro. « On peut aller en bac pro avec 4,5 en français et 3,5 en maths ? » s'étonne la Fougue. « J'ai vu pire y aller », répond la Cheffe. Ici, nous sommes loin des discours positifs sur la revalorisation des filières professionnelles. Les élèves orientés vers cette voie restent majoritairement ceux qui ont de mauvaises notes ; il s'agit souvent de la seule issue qui leur est proposée.

Adam, sourire timide, s'installe. Avec son 18 de moyenne générale, il reçoit les félicitations de tout le monde.

– J'aurais pu faire mieux, regrette-t-il. J'aimerais aller en seconde générale, mais je ne sais pas quel métier je veux faire, dans le domaine scientifique, ou peut-être comptabilité.

– Vous avez plein de possibilités, vous avez le temps de voir, le rassure la Cheffe. En attendant, nous vous attribuons les félicitations !

Maryline obtient un avis favorable pour la voie pro bijouterie. Malgré ses excellentes notes, les profs du Paquebot l'encouragent sur cette voie et n'insistent pas pour qu'elle aille en général.

Deepali obtient un avis favorable pour la voie générale, comme d'autres bons élèves. Pour eux, passer en général est une étape de l'ascenseur social. « C'est un moyen d'être dans une certaine normalité aussi », me confie la Fougue. En tant que prof principale, elle les pousse à se questionner : « Est-ce qu'ils veulent rester assis à prendre des notes en filière générale, ou faire quelque chose de leurs mains en pro ? »

La Cheffe sermonne Wassim, bon élève qui ne travaille plus et ignore ce qu'il veut faire plus tard. Il souhaite aller en seconde générale, promet de faire ses devoirs et de sortir ses affaires en classe. « Si en 3e, tu ne sors pas tes affaires, en seconde tu n'iras pas en cours et tu ne seras pas invité à la fac parce que tu n'auras pas eu ton bac », le prévient le prof de techno. Autour de la table, un même scénario trotte dans les têtes, celui de la déscolarisation, car à 16 ans, l'école n'est plus obligatoire. Alors les profs cherchent à susciter un électrochoc. Le couperet tombe pour Wassim : avis défavorable pour la voie générale, favorable pour la voie pro commerce. Le garçon encaisse. Consciente de la rudesse du système, la Fougue finit toujours par un confiant : « On sait que vous allez y arriver. »

Nous discutons du cas de Jordan devant une chaise vide. Le nombre d'élèves quittant le système sans diplôme est passé de 17 % à 12 % en dix ans, mais les décrocheurs n'ont pas disparu. Aucune de ses 55 heures d'absence ne sont justifiées, ses parents sont injoignables, il a 2 de moyenne dans certaines matières, n'a pas rendu sa fiche de vœux d'orientation. « Ce qui m'inquiète, c'est qu'il ne sera accepté nulle part. Il pourrait peut-être avoir un bac pro très peu demandé, genre chaudronnerie », souffle la Cheffe, démunie. Ses parents seront convoqués. « Je ne sais plus quoi faire pour l'aider », concède la Fougue. Le lâcher-prise est parfois la dernière solution pour se préserver.

Demba entre avec sa démarche nonchalante et s'assoit. En cinq mois, j'ai appris à ne plus être impressionnée par son mètre 90. J'ai compris que son apparente décontraction masquait de grosses lacunes. « Parfois, il me demande discrètement ce qu'il faut faire, il a envie au fond », m'a dit Deepali, sa voisine de classe. Mais Demba ne s'est jamais vraiment mis au travail depuis son entrée au collège. Résultat, il ne sait pas travailler.

– Mes notes sont pas assez hautes, commente-t-il, le regard tourné vers ses résultats projetés sur le tableau numérique.

– Ton bilan est catastrophique. Tu veux aller en générale, mais on dirait que tu as abandonné. Pourquoi ? lui demande Emmy.

– J'étais stressé par le brevet blanc.
– Ce n'est pas mon impression, intervient la Cheffe qui émet d'emblée un avis défavorable à la voie générale. C'est une question de volonté aussi, ajoute-t-elle.
– Je dois voir la médiatrice pour mon orientation et aller visiter un lycée pro, je sais pas où, dit Demba.
– Votre mère va être convoquée avec vous pour discuter en profondeur car on tient à votre scolarité et on aimerait que vous soyez aussi impliqué, dit la Fougue d'une voix posée et douce. Vous êtes arrivé en nous disant que vos résultats n'étaient pas assez hauts, vous avez fait une litote pour atténuer la réalité, donc vous êtes capable et vous avez des connaissances en français. On a confiance en vous, ayez confiance aussi, vous allez y arriver, mais essayez de vous concentrer en classe. »

Il écope d'une mise en garde travail et comportement. La Cheffe conclut :
– Reprenez-vous, on attend mieux, parce que là…
– C'est chaud ouais, complète Demba en se levant de sa chaise.
– C'est brûlant, même !

« Depuis la 6e, les gamins passent d'année en année, même avec de mauvaises notes, et sans maîtriser les fondamentaux. Alors en 3e, ils s'imaginent que leur orientation en filière générale va passer, mais non. Le redoublement n'est pas la solution, mais le supprimer n'est pas forcément le bon message », commente la Cheffe. Chaque année, des élèves font appel de la décision de leur orientation en professionnel : « La commission leur donne souvent raison, ils arrivent en seconde générale et sont largués. »

Arrive le tour de Serena. « Mes notes ont chuté », commence-t-elle. « Vous êtes volontaire, mais vous avez des lacunes en compréhension et le travail à la maison est trop superficiel », décrit Emmy. La Cheffe prévient : « Pour la seconde générale, c'est défavorable. » Silence embarrassé des profs qui connaissent la sensibilité de Serena. L'élève reste muette, elle ne s'y attendait pas. Puis, d'une voix tremblante, la boxeuse explique qu'elle ne souhaite plus travailler dans le sport, mais aimerait être vétérinaire.

– C'est un concours très difficile, lui explique la Cheffe. Avec vos résultats actuels dans les matières scientifiques, ça ne sera pas possible. Vous pouvez travailler avec les animaux sans être vétérinaire. C'est pour ça qu'il faut réfléchir à votre orientation.

– Je veux juste pas aller en pro, j'ai 15 ans et le choix que je vais faire va impacter mon avenir

entier. Je sais pas vraiment ce que je veux faire, donc si je vais en pro, j'aurai qu'un seul chemin, alors qu'en générale, j'en aurai plusieurs…
– C'est vrai que tu vas choisir un domaine, mais on veut que tu aies un bac pour pouvoir poursuivre des études ensuite, la console sa prof d'espagnol.

Après l'obtention de leur bac pro, 50 % des diplômés continuent leurs études dans l'enseignement supérieur. L'orientation la plus courante reste le BTS ; seuls 7 % des élèves vont en licence. L'entrée dans le monde du travail est, elle, laborieuse : seuls 56 % des lycéens pros de niveau CAP ou BTS ont trouvé un emploi deux ans après leur diplôme.

La Cheffe abat son argument massue, celui qu'elle utilise face aux récalcitrants à l'orientation en seconde professionnelle : « Si vous voulez vous réorienter sur une première pro après une seconde générale parce que vous n'y arrivez pas, vous n'aurez pas le choix de votre filière car les élèves en seconde pro seront prioritaires, vous prendrez ce qui reste. » La Fougue motive Serena avec ferveur : « Vous pouvez vous investir avec la même excellence dans vos études que dans votre sport, vous allez y arriver. Vous avez un sprint devant vous. » L'élève quitte la salle au bord des larmes. « On a eu raison de la mettre en garde, c'est une sportive, ça va la motiver », rassure la Fougue.

CHAPITRE 70

DERNIERS COURS

C'est mon dernier lundi au Paquebot. Les élèves de la 6e Curieuse ont acheté des chips, des bonbons et du soda. « Bon départ ! » clament-ils en chœur dans la classe. Bryan entame, lui, une logorrhée : « Je dis la vérité madame, j'ai envie que notre professeur revienne, il faut dire les choses que l'on ressent, je préfère que vous partiez… » J'ai envie de lui répondre que je me fiche de son avis mais ce n'est pas tout à fait vrai. En tant que prof, nous n'enseignons pas pour que nos élèves nous apprécient, mais au fond, nous adorons qu'ils nous aiment.

La 6e Clash termine son dernier cours comme le premier, dans le vacarme. J'ai eu le droit à des « au revoir » sans effusion. Je rends à Indira l'exposé qu'elle m'avait réclamé pour les vacances.

Elle me raconte avoir lu que les médecins pouvaient voyager facilement. C'est donc le métier qu'elle souhaite exercer plus tard. Elle a prévu de demander la nationalité française et sait déjà qu'elle devra passer un test de français. En attendant, elle liste sur un cahier tous les pays qu'elle aimerait visiter, l'Égypte pour voir les pyramides, la Grèce, l'Autriche, le Mexique, la Colombie et la Corée du Sud.

En co-intervention avec Amazone, ses 4e nous offrent une de ces heures insupportables dont ils ont le secret. « Si vous nous criez dessus, je ne travaille pas », provoque une élève. « Mme Benjamin, la meilleure prof d'histoire, vous pouvez venir s'il vous plaît ? » lance une autre pour embêter Amazone. « Les feuilles de l'activité sont malheureusement en noir et blanc », précise leur prof. « Madame, en fait, vous êtes raciste des Noirs et des Blancs ! » plaisante une élève. Leur sens de l'humour va me manquer.

Je retrouve les élèves de ma 4e Ardente qui exigent tous de passer au tableau et se vexent si je ne les interroge pas. « Si c'est comme ça, je reviendrai plus », lance Zafer, « pas content du service après-vente », car je ne suis pas venue l'aider assez vite sur une activité. Mes plans de classe sont périmés, les élèves qui se regardaient en chiens de faïence sont désormais devenus proches. Moussa, Abel et Daouda sont de nouveau assis côte à côte. Je n'ai plus la force de lutter.

– Vous savez que je pars jeudi ?

Ils me regardent en silence. Je répète que je pars à la fin de la semaine. Au bout de quelques secondes, j'ai droit à un « oh non ! » général.

– On peut faire un goûter pour le dernier cours ? interroge Abel.

– Vous êtes des radins, personne ne va rien ramener, assure Queen.

– Madame, on peut faire un débat sur la laïcité plutôt ? demande Riley.

CHAPITRE 71

VOUS ME VERREZ À LA TÉLÉ

Mon dernier jour tombe le jeudi 31 mars. J'ai retiré tous mes documents de ma session d'ordinateur et rangé mon casier plein à craquer. Je peine à réaliser que c'est la fin. Charlie, mon collègue du Navire, m'avait dit qu'il fallait cinq ans pour devenir un bon enseignant. Je ne l'ai été que six mois. Dans ce métier, le plus difficile, c'est de durer.

Ma 3e Flemme me demande si nous pouvons organiser un goûter. Ils n'ont rien prévu, moi non plus. Nous terminons un chapitre et je les laisse bavarder. Les conversations tournent essentiellement autour du niveau des équipes de foot de leurs pays d'origine. L'heure terminée, les garçons me saluent poliment. Les filles restent un peu après le cours pour m'offrir des chocolats, un coffret de produits de beauté et un petit cahier dans lequel elles m'ont écrit des mots. Celui de Serena court sur deux pages. « Au milieu de l'année, ça s'est pas très bien passé, mais c'est du passé maintenant. Vous vous en êtes drôlement bien sortie pour une journaliste. Vous nous avez écoutés, aidés, posé des questions, pour vous ça doit être normal, mais pour moi c'est beaucoup. Vous allez nous manquer, surtout aux filles. Signé : Serena. » Mes yeux se brouillent de larmes, je les remercie en essayant de contenir mon émotion.

À 12h27, je m'empresse de rejoindre l'Archéologue pour une dernière cantine. Puis nous filons dans la salle des profs bondée avant la reprise des cours de l'après-midi. La machine à café fume, mes collègues font claquer les portes de leurs casiers, la photocopieuse digère un énième bourrage papier. La sonnerie retentit. Un « allez, c'est l'heure » signe le top départ. Copies à la main, sacs à dos trop lourds, nous marchons dans le long couloir en rang serré. J'entends claquer les talons de la Fougue, le rire de Zhora résonne. Nos chemins se séparent en bas des escaliers de la cour. Chacun rejoint ses élèves approximativement rangés. L'énergie revient toujours au moment où nous arrivons devant eux.

Je passe ma dernière heure de cours avec ma 4e Ardente. Cette classe aura été mon plus gros défi ; je suis contente que mon expérience de prof s'achève avec eux. Ils ont apporté des bonbons, des sodas, préparé un gâteau au chocolat et des crêpes. Avec mon autorisation, Zafer et Moussa projettent des clips de rap au tableau. Tous les élèves reprennent les paroles à tue-tête, je ne connais aucun morceau. Riley se déhanche devant le tableau. « Vous voyez enfin leur vrai visage, me glisse Rokia en levant les yeux au ciel, c'est des animaux ! » Thaïs et Yasmine me disent que j'ai été « sympa » mais « pas assez sévère ». « Vous nous donnez la main, nous on prend le bras, mime Yasmine, en rigolant. Si vous m'aviez mis un mot, ma mère m'aurait tuée ! » « Moi, plus tu me dis un truc, plus j'ai envie de te donner tort et je lâche pas », poursuit Thaïs.

Les élèves m'offrent un carnet noirci de messages. Sur la première page, le mot de Riley : « Gardez le sourire, c'est pas tous les profs qui l'ont. Je ne donnerai aucun prénom. Bon départ ! » « J'ai aimé vos cours, quand je savais que j'avais histoire j'étais contente, j'aime votre gentillesse et votre humour. Toutes les bonnes choses ont une fin, à une prochaine ! » a écrit Yasmine. « Cette année était riche en progression même si je ne suis pas encore riche, je le deviendrai », promet Diaby. « Madame, vous avez été la meilleure prof à mes yeux. » Je ne m'attendais pas à ce message de Moussa. « Même si nous sommes une classe vraiment turbulente, vous avez toujours gardé le sourire », note Queen. « Excusez-nous de vous avoir dérangée quand vous êtes arrivée et excusez-nous pour l'histoire des toilettes », m'écrit Madi, qui n'a pas osé noter le mot « porno ». C'est vrai qu'ils n'oublient rien. Enfin, Zafer avec son écriture en pattes de mouche : « Heureux d'avoir fait votre connaissance, je vous souhaite un bon avenir, prenez soin de vous, j'ai fait un effort de bien écrire juste pour vous. » Jaurès conclut sur la dernière page : « En matière d'émotion, les élèves de ce collège ne mentent jamais. »

Émue, je bafouille des « merci beaucoup ». Je les vois pour la dernière fois. J'ignore dans quelle classe ils seront l'année prochaine, s'ils iront en générale ou en pro, quel métier ils exerceront. Jouer un petit rôle dans leur trajectoire m'a portée pendant tous ces mois. Le carillon sonne la fin de l'heure. Arun me salue sur le pas de la porte : « M'oubliez pas, madame, parce que vous me verrez à la télé, c'est sûr ! Je sais pas encore ce que je vais faire, mais je vais réussir ! Donc perdez pas ma signature dans le cahier, elle va coûter cher ! »

J'ai acheté du jus de fruits et du cidre pour fêter mon départ en salle des profs. Les collègues se sont cotisés pour m'offrir un panier gourmand. Le Président est fatigué. Il vient d'exclure cinq élèves pour une journée et il a passé la récréation caché dans les vestiaires de la salle de sport pour surprendre de potentiels fumeurs. Amazone a vécu une des pires journées de sa vie de prof. Un élève dont elle soupçonne qu'il ait des problèmes psychiatriques a fait une crise en classe. Un père menace l'Archéologue de porter plainte car il aurait mal parlé à son fils. Duras vient de faire passer deux élèves à l'oral après ses heures de cours car ils craignaient de parler devant les autres. La Chamane court après des collègues pour faire signer un PAP. Barbe noire file à un conseil de classe. Chérubin sort d'un match de badminton avec nos 3e Flemme. Il a accepté d'être le tuteur anti-décrochage de Riley. Magali reçoit un coup de fil. Une élève d'un collège voisin est décédée. Magali doit monter une cellule d'écoute en urgence. Pierre, un verre de cidre à la main, m'avertit : « Ne jamais inviter une assistante sociale à son pot de départ, elle plombe l'ambiance. »

PROF

ÉPILOGUE

Voilà trois mois que j'ai quitté le Paquebot. Les palpitations du collège ont été remplacées par le calme de mon petit bureau partagé. Depuis la fin de mon contrat, j'ai reçu deux appels des chargées de recrutement des académies de Versailles et d'Amiens. Elles voulaient savoir si j'étais disponible pour de nouveaux remplacements. Ces appels coïncidaient avec une crise inédite au sein de l'Éducation nationale : le recrutement en urgence de milliers de contractuels pour faire face au déficit de candidats aux concours de l'enseignement. Ces recrutements ont parfois pris la forme de speed-dating, alimentant le ressentiment des profs titulaires outrés à l'idée que n'importe qui peut exercer leur métier du jour au lendemain, sans être formé.

Il y a quelques jours, le Président m'a invitée à la soirée de fin d'année du Paquebot. Le 7 juillet, en fin d'après-midi, je monte dans le RER. En arrivant sur le quai de la gare, je tombe sur Jaurès. Nous faisons le chemin ensemble. Je franchis la grille du Paquebot avec l'impression d'être partie la veille. Je croise Amazone, Duras et Freddie, le prof d'arts plastiques, avec qui je fume une cigarette. Puis nous descendons au réfectoire rejoindre les collègues.

Chérubin me donne des nouvelles des élèves : Serena passe en seconde générale ; Demba et Jordan sont encore sur liste d'attente pour une place en lycée pro. Dans un an, ils auront tous 16 ans. Cette année dans le collège, le taux de réussite au brevet a baissé de deux points par rapport à l'année précédente, à 77 %. L'an prochain, le Président s'occupera des 3e et promet d'être plus sévère qu'avec les 6e. Amazone n'a pas eu l'agrégation, mais tentera à nouveau le concours. Achille va se mettre à 80 % pour sa dernière année avant la retraite. Il ne prend déjà plus que les classes de 6e et 5e, les autres niveaux, il n'y arrive plus. Magali, l'assistante sociale, est épuisée. Elle a tout de même décidé de rempiler en septembre. La Cheffe se dit qu'il est temps qu'elle prépare sa retraite.

Entre les profs et les surveillants, le Paquebot encaisse 14 départs cette année. Parmi eux, Freddie. Micro à la main, il promet à la cinquantaine de personnes présentes de « faire un discours ni triste ni heureux ». « C'était ma première année, je n'oublierai aucun de vous. » Sa voix chancèle. « D'accord, ça commence déjà à être triste. »

Deux piliers quittent le Paquebot : Faiza a obtenu sa mutation en lycée, et la Chamane part enseigner dans un collège REP+ dans une ville proche de la mer. La Fougue la remercie au micro. « C'est toi qui m'as appris à comprendre Cintia, une élève qui mettait son stylo dans la prise électrique en me regardant. En me faisant comprendre qui elle était, tu m'as fait comprendre quelle prof j'étais, quelle prof je voulais être, et quelle prof je pouvais être. » La Chamane prend la parole à son tour : « J'ai longtemps eu le complexe de Dieu, cette croyance que je pouvais faire les choses toute seule. C'est ici que j'ai compris que c'est en travaillant ensemble qu'on déplace des montagnes pour les élèves. Vous allez me dire que c'est mon côté bisounours, mais c'est pour ça que je n'ai pas peur d'arriver dans mon nouveau collège. Parce que je sais qu'on peut déplacer des montagnes. »

Ce soir-là, le collège était à nous. Nous avons bu du punch, dansé, fait un karaoké, un paquito et un cache-cache géant. Barbe noire s'est caché dans le faux plafond des toilettes du premier étage, et nous n'avons jamais trouvé Marguerite, dissimulée dans une armoire.

Vers 23 heures, je sors fumer avec la Chamane. Elle roule sa cigarette, l'allume et aspire une longue bouffée. Tête renversée, elle souffle la fumée et plante son regard dans le mien. « Je ne te poserai la question frontalement qu'une seule fois : tu étais en immersion ou en reconversion ? » J'avale ma salive et bredouille « les deux », avant de me reprendre : « Enfin, en immersion surtout. » Elle sourit.

La Chamane est descendue du Paquebot sous une haie d'honneur et les ovations. En montant dans son taxi, au cœur de la nuit, elle a pleuré une dernière fois.

REMERCIEMENTS

À mes élèves.
À mes collègues.

À mes éditeurs pour m'avoir permis
de raconter ces histoires et pour leur implication
Clara Tellier Savary, Geoffrey Le Guilcher
et Johann Zarca.

Merci à Alice Andersen, Camille Bauer,
Franck Berteau, Christophe Bigot,
Clément Buée, Aurélie Carpentier,
Pierre-Marie Croquet, Marion Enguehard,
Louise Gilbert, Basile Lemaire,
Laurent Ollivon et Lætitia Zanettacci
pour leur travail autour de ce livre.

À mes conseillères de l'ombre, Astrig,
Clothilde, Delphine, Juliette,
Mathilde et Pauline.

À celles et ceux qui m'ont écoutée
parler de ce livre pendant des heures,
Marie, Weiya, les Pécheresses,
les bébés chevelus, Louise, Mathias et Jérôme.

À M. Gonzalez, pour ses cours passionnants
et pour ne jamais oublier mon anniversaire.

À mes parents, à mon frère,
et à toute ma famille, avec ou sans alliance,
pour leur soutien.

Pour les relectures précieuses et le soutien
de tous les jours, à Quentin Descamps.

Cet ouvrage a été achevé d'imprimer en mars 2023
dans les ateliers de Normandie Roto Impression s.a.s.
61250 Lonrai (Orne)
N° d'imprimeur : 2300967
ISBN : 979-10-96906-43-7
Dépôt légal : mars 2023

Imprimé en France